역사 속 세기의 로맨스

2015년 1월 5일 초판 1쇄 인쇄
2015년 1월 8일 초판 1쇄 발행

글 박시연 / 그림 유수미
펴낸이 이철규 / 펴낸곳 북스
편집 이은주 / 편집디자인 이지훈

편집부 02-336-7634 / 영업부 02-336-7613 / FAX 02-336-7614
전자우편 vooxs2004@naver.com / 등록번호 제 313-2004-00245호 / 등록일자 2004년 10월 18일

주소 서울특별시 광진구 동일로 4길 32 2층
값 10,800원
ISBN 978-89-6519-074-5 74800
　　　978-89-6519-043-1 (세트)

잘못된 서적은 구입하신 서점에서 교환하여 드립니다.
이 책은 저작권법에 의해 보호를 받는 저작물이므로 불법 복제와
스캔 등 무단 전재 및 유포·공유를 금합니다.

이 도서의 국립중앙도서관 출판시도서목록(CIP)은 서지정보유통지원시스템 홈페이지(http://seoji.nl.go.kr)와
국가자료공동목록시스템(http://www.nl.go.kr/kolisnet)에서 이용하실 수 있습니다.
(CIP제어번호 : CIP2014038557)

역사 속 세기의 로맨스

13 서동과 선화공주

글 박시연 그림 유수미

독자 여러분의 사랑과 관심 덕분에 '역사 속 세기의 로맨스' 1부를 무사히 끝마치게 되었습니다. 열 번이나 되는 과거로의 여행을 통해 사랑에 대한 특별한 깨달음을 얻게 된 이지가 결국 주노와도 사랑의 결실을 맺게 되어 참 다행이라고 생각합니다.

하지만 이대로 이야기를 마치기에는 왠지 아쉬움이 남았습니다. 아직도 우리가 알고 싶은 세기의 로맨스는 많이 남아 있기 때문입니다. 그래서 다시 새로운 로맨스를 찾는 여행을 떠나기로 결심했습니다.

이번 이야기에서는 새로운 주인공 리사와 선재가 등장합니다. 리사는 성북동의 으리으리한 저택에서 공주님처럼 살고 있는 사장님의 따님이고, 선재는 병에 걸려 입원한 아빠 대신 리사네 집에서 잡일을 도맡아 하는 어린 집사입니다. 두 사람은 같은 학교에 다니고 있는 친구이기도 합니다.

언뜻 봐선 환경이 너무 다른 두 사람 사이에서 무슨 로맨스가 생길까 싶습니다. 하지만 사랑이란 원래 엉뚱한 곳에서 갑작스럽게 생겨

나는 감정이 아닐까요? 평소 도도하고 콧대 높은 리사지만 늘 선량하고 헌신적인 선재에게 조금씩 마음이 끌리기 시작합니다. 게다가 리사에게도 신비한 책 '세기의 로맨스'가 찾아옵니다.

  이 책을 펼치는 순간 리사는 과거의 낯선 세계로 떨어져 역사에 남을 만한 사랑을 한 남녀 주인공을 만나게 됩니다. 그들과 함께 웃고 울며 사랑의 진정한 의미에 대한 깨달음을 얻어가는 리사.

  리사는 과연 선재를 진심으로 좋아할 수 있게 될까요?

  궁금하시다면 독자 여러분도 리사와 함께 세기의 로맨스를 찾는 여행을 떠나보시죠.

박시연

머리말 _6

네게 그런 취급 받고 싶지는 않아 _11

자존심 싸움 _22

마를 캐는 소년 서동과의 만남 _42

원수의 나라 신라로 _61

엉뚱한 공주님 _77

서동요 _94

출궁 _116

행운의 이유 _134

세상에서 가장 아름다운 혼인식 _159

부록 옛날 이야기 속 서동 _164

독자 여러분께

* 이번 이야기는 우리 역사 속 설화에 등장하는 서동과 선화공주에 관한 것으로 실제 이야기라기 보다는 '픽션'에 가까움을 밝힙니다.

1
네게 그런 취급 받고 싶지는 않아

"선재 이 녀석, 어느새 사라져버린 거야?"

수업이 끝나자마자 도망치듯 교실을 빠져나가는 선재를 따라 나온 리사가 고개를 두리번거렸다. 그러나 웅성거리며 복도를 빠져나가는 학생들 틈에서 선재의 모습은 보이지 않았다.

"고용인에 불과하다고 했던 말에 화가 단단히 난 것 같은데……."

난감한 표정으로 중얼거리던 리사가 눈을 치켜뜨며 걸음을 옮겼다.

"솔직히 틀린 말은 아니잖아. 자전거 한 번 같이 탔다고 내가 자기 여친이라도 되는 줄 착각하는 거야?"

이때 누군가 뒤쪽에서 리사의 팔을 잡았다.

"강리사, 어딜 그리 급히 가니?"

"찬영아!"

놀라 돌아서는 리사 앞에 찬영이 서 있었다.

"아까부터 불렀는데 못 들은 거야?"

"미안."

"그런데 어딜 가는 길이었어?"

"그게……."

리사는 선뜻 대답하지 못했다. 선재를 찾고 있다고 말하기 곤란했던 것이다. 결국 리사는 대충 얼버무리고 서둘러 떠났다.

"집에 일이 있어서 급히 가는 길이었어. 그럼 내일 보자."

"리사야! 강리사!"

찬영이 소리쳐 불렀지만 리사는 복도 저편으로 헐레벌떡 달려가버렸다. 찬영이 우울한 얼굴로 중얼거렸다.

"리사가 설마, 진짜 이선재를 좋아하고 있는 건 아니겠지……?"

"아저씨, 차 세워요!"

박 기사가 운전하는 차를 타고 집 근처에 다다르던 리사가 갑자기 소리쳤다. 놀란 박 기사가 급브레이크를 밟았다.

"무슨 일이십니까, 아가씨?"

"여기서부턴 걸어갈 테니, 아저씨 먼저 들어가세요."

"하지만 사모님께서 아시면……."

"저 내려요!"

"아가씨! 아가씨!"

박 기사가 부르는 소리를 무시하고 리사는 좁은 골목 안으로 달려 들어갔다. 골목 안쪽에서 낡은 가방을 메고 터덜터덜 걸어가는 선재의 뒷모습을 발견했기 때문이다.

"야, 이선재!"

"윽!"

리사가 신경질적으로 부르자 선재가 우뚝 멈춰 섰다. 화가 머리끝까지 치민 리사를 향해 선재가 천천히 돌아섰다. 평소의 선재라면 화난 리사의 모습을 발견하자마자 미안한 표정부터 지었을 것이다. 그런데 오늘의 선재는 조금 달랐다. 리사보다 오히려 차가운 눈빛으로 그녀의 얼굴을 뚫어져라 쳐다보는 것이 아닌가. 덕분에 리사는 더욱 화가 치밀었다.

"너, 뭐야?"

"내가 뭘?"

"그 시건방진 태도는 대체 뭐냐고!"

"……."

선재가 고집스럽게 입을 꾹 다물자 리사는 더 이상 참지 못하고 두 손으로 선재의 가슴을 세게 밀쳤다.

"네가 뭐야? 네까짓 게 뭔데 나를 화나게 만들어?"

선재는 막을 생각도 하지 않고 리사가 밀치는 대로 밀려났다. 그 무응답이 리사의 분노에 기름을 끼얹었다.

"네까짓 게 감히 날 무시해?"

콰악!

선재가 리사의 손목을 움켜잡은 것은 그때였다.

"놔! 이거 안 놔?"

몸부림치는 리사에게 얼굴을 들이밀며 선재가 나직이 말했다.

"이곳은 너희 집 밖이야. 즉, 나는 현재 너의 고용인이 아니란 뜻이지. 그런데 왜 내게 함부로 명령조로 말하는 거지?"

"……!"

너무도 차가운 목소리에 리사는 어안이 벙벙해졌다. 몸부림을 멈춘 그녀의 가슴 밑바닥에서부터 낯선 감정이 솟구쳤다. 그것이 분노가 아니라 설움이란 사실을 깨닫는 순간, 리사는 참았던 눈물을 터뜨리고야 말았다.

"우와앙~ 너는 나쁜 놈이야!"

리사가 주먹으로 선재의 가슴을 마구 두드리며 울었다. 이번엔 선재도 말리지 않았다. 그저 우두커니 서서 리사의 주먹질을 견디고 있었다. 한참만에야 리사는 때리다 지쳤는지 주먹질을 멈추었다. 선재가 기다렸다는 듯이 리사의 손을 와락 움켜잡았다.

"다 울었으면 가자!"

"어, 어딜?"

리사는 못 이기는 척 따라갔다. 혹시 선재가 지난번처럼 한강으로 데려가줄지도 모른다고 생각하자 가슴이 두근거렸다. 하지만 선재가 리사를 데려간 곳은 한강이 아니라 집이었다.

"헉헉…… 고작 집에 올 거면서 왜 그리 달음박질을 친 거야?"

리사가 숨을 헐떡이며 선재를 따라 대문 안으로 들어왔다. 정원 안쪽으로 걸음을 옮기던 선재가 죽은 산수유나무 앞에 우뚝 멈춰 섰다. 나무를 힐끗 보며 리사가 코웃음을 쳤다.

"너도 참 끈질기구나. 그 나무는 이미 죽었다고 몇 번을 말해야……."

"쉬잇!"

"!"

선재가 손가락을 입술을 대자 리사가 멈칫했다. 선재가 뚫어져라 나무를 들여다보았다. 리사도 옆에 서서 긴장된 눈으로 보았다. 하지만 나무는 오늘 아침에 보았을 때와 별 차이가 없었다. 리사가 선재를 휙 째려보았다.

"지금 나랑 장난하자는 거야?"

"저길 봐."

선재가 손가락을 들어 나무 밑동을 가리켰다. 선재가 가리키는 방향을 보던 리사의 눈이 커다랗게 변했다.

"저, 저건 설마……?!"

그것은 작고 가녀린 새순이었다. 푸른 생기로 반짝이는 잎이 죽은 줄만 알았던 나무의 밑동에서 자라나고 있었다. 리사는 마치 새순을 처음 본 사람처럼 눈을 부릅떴다. 선재가 리사와 나란히 새순을 들여다보며 속삭였다.

"내가 살아날 거라고 말했지?"

"그렇지만 분명히 죽었었는데……."

"맞아, 저 나무는 죽었어. 하지만 마지막 순간까지 자기가 품고 있던 생명의 씨앗을 포기하지 않았지."

"생명의 씨앗?"

"세상에는 온갖 종류의 생명의 씨앗들이 날아다니고 있어. 내 눈에는 그게 다 보여."

꿈을 꾸는 듯한 선재의 옆얼굴을 리사가 황당한 듯 보았다.

"이선재."

"응?"

"대체 너의 진짜 정체는 뭐니?"

"그게 무슨 말이야?"

"너는 대체 어느 별에서 온 녀석이야?"

선재의 입가에 잔잔한 미소가 번졌다.

"나는 지구에 살고 있는 열네 살짜리 평범한 남자아이일 뿐이야."

"아니, 너는 절대로 평범하지 않아. 절대로!"

"정 그렇게 믿고 싶다면 그렇다고 해두자."

어깨를 으쓱하는 선재를 향해 리사가 정색했다.

"오늘 일은 내가 사과해야겠지?"

"무슨 일?"

"교실에서 너는 고용인에 불과하다고 말했던 것 말이야."

"내가 너희 집 고용인인 건 사실이잖아."

"하지만…… 하지만 우리는……."

"우리는 이미 친구가 되었다고?"

"그래, 바로 그거야."

선재가 싱긋 웃었다.

"그렇게 생각해준다면 나야 고맙지."

"그럼 내가 사과할 테니까 너도 한 가지만 약속해줘."

"뭘?"

"더 이상 진수 같은 녀석이랑 어울리지 마."

순간 선재의 입가에서 웃음기가 싹 가셨다. 하지만 리사는 멈추지 않았다.

"네가 자꾸 그런 녀석이랑 어울리니까 반애들이 널 더 따돌리는 거라고."

"하지만 진수는 내 친구인걸."

"이제부턴 친구 하지 마. 그런 녀석과 친구 해봤자 너만 손해야."

선재가 정색하며 대답했다.

"미안하지만 그럴 수는 없어. 진수는 좋은 아이고, 이익을 따지면서 친구를 사귀는 건 아니라고 생각해."

선재가 고집을 부리자 리사는 울컥했다.

"학교에서 나와 친구로 지내고 싶지 않아? 네가 계속 그러고 있으면 내가 널 친구로 대할 수가 없단 말이야."

"정 그렇다면 나와 친구 하지 않아도 괜찮아."

"야! 너 말 다했어?"

"미안. 더 이상 얘기하고 싶지 않아."

돌아서는 선재의 뒷모습을 쨰려보며 리사가 씩씩거렸다.

"이선재, 저 고집불통 같으니!"

그날 밤 늦도록 리사의 침실에는 불이 켜져 있었다. 리사는 요즘 마음이 심란할 때면 잠옷 차림으로 침대에 누워 세기의 로맨스를 읽곤 했다. 선재 때문에 어찌나 화가 났는지 그 유명한 서동과 선화공주의 사랑 이야기도 눈에 잘 들어오지 않았다.

"흥, 제깟 녀석이 감히 내 말을 무시해? 내가 반애들 앞에서 친구로 인정해주겠다는데도 거절했단 말이지?"

리사가 책장을 덮으며 벌떡 일어섰다. 창가로 다가간 그녀가 불이 켜져 있는 별채를 쏘아보았다.

"왕따 생활을 즐기겠다면 나도 널 철저히 무시해주겠어."

똑똑!

이때 노크 소리가 들려왔다.

"네."

"우리 딸 아직 안 잤구나?"

방문을 밀고 들어오는 사람은 리사의 엄마 성 여사였다.

"응, 오늘따라 이상하게 잠이 오질 않아요."

침대에 걸터앉는 리사 옆에 성 여사도 앉았다. 성 여사가 딸의 눈을 유심히 들여다보며 물었다.

"학교에서 무슨 일 있었어?"

"아니, 별로."

리사가 어깨를 으쓱했다.

"그런데 하교하는 길에 갑자기 차에서 내렸다지?"

"응? 으응."

"우리 딸이 왜 갑자기 차에서 내렸을까?"

"그게……."

성 여사의 눈빛이 짙어지는 것을 보고 리사는 망설였다. 엄마한테 선재를 만났다고 고백해야할지 말아야할지 망설이다가 가까스로 얼버무렸다.

"그냥 조금 걷고 싶었어요."

"호오, 그래?"

"그렇다니까요."

성 여사가 자신의 눈을 빤히 들여다보자 리사는 손 안에 땀이 차는 것을 느꼈다. 엄마는 딸의 마음을 기가 막히게 알아맞히곤 하는 것이다. 그래도 리사는 주먹을 힘주어 움켜쥐고 버텼다. 이제 리사도 중학생이다. 언제까지 엄마한테 모든 비밀을 시시콜콜 털어놓고 싶지는 않았다. 특히, 선재에 대해서는 더더욱.

"엄마가 괜한 걱정을 했구나? 한밤중에는 아직 쌀쌀하니까 이불 꼭

덮고 자렴."

"안녕히 주무세요, 엄마."

리사의 방을 빠져나온 후에도 성 여사는 한동안 우두커니 서 있었다. 무언가 골똘히 생각하던 성 여사가 방문을 힐끗 돌아보았다.

"선재를 만나느라고 차에서 내린 사실을 숨긴단 말이지? 내가 선재라는 아이에 대해 너무 방심하고 있었던 모양이군."

2
자존심 싸움

　다음 날 학교에서 리사는 선재와 몇 번인가 눈이 마주쳤지만 쌀쌀맞게 외면했다. 선재도 사과할 생각 따윈 없는 것 같았다. 평소와는 다른 선재의 태도에 리사는 은근 부아가 치밀었지만 억지로 참았다.
　4교시가 끝나자 반장 가빈이 교탁 앞으로 나왔다.
　"5교시는 체육 수업인 거 알지? 오늘은 체육 선생님이 농구 시합한다고 했으니까 체육복으로 갈아입고 운동장에 모여."
　반애들이 짜증스런 얼굴로 탈의실로 향했다.
　"쳇, 촌스럽게 웬 농구 시합?"
　"수업 시간에 땀 흘리는 거 딱 질색인데."

　체육 선생님이 농구장 센터 서클에 떡하니 버티고 서서 열두 명씩

나뉘어 마주선 1반 학생들을 향해 목청을 높였다.

"공부도 강한 체력이 바탕이 되어야 하는 거다! 매일 책만 들여다보지 말고 가끔은 체육관에서 땀도 흘리란 말이다! 선생님 말 무슨 뜻인지 알겠지?"

"예에!"

체육 선생님이 청팀과 백팀으로 나뉜 반애들을 유심히 둘러보다가 청팀에 속해 있는 반장 가빈이와 백팀에 속해 있는 찬영이를 차례로 지목했다.

"가빈이와 찬영이는 앞으로 나와라."

앞으로 나온 가빈이와 찬영이를 향해 체육 선생님이 말했다.

"가빈이가 청팀 주장이고, 찬영이가 백팀 주장이다. 너희들이 알아서 선수를 선발해라. 단 선수 다섯 중 한 명은 반드시 여학생으로 뽑을 것!"

"알겠습니다."

찬영이가 먼저 시합에 나설 선수를 골랐다. 평소 찬영이와 농구를 했던 남학생 셋이 뽑혔다. 찬영이 마지막으로 리사를 가리켰다.

"리사, 너도 같이 하자."

"난 농구해본 적 없는데?"

"내가 도와줄 테니까 걱정하지 마."

"그렇다면 해보지 뭐."

리사가 마지못해 찬영의 옆으로 섰다.

이번엔 가빈이 선수를 뽑았다. 먼저 남학생 둘을 뽑은 가빈이 리사를 뽑은 찬영 때문에 새침해져 있는 아진을 가리켰다.

"아진아, 같이 하자."

"나?"

아진이 썩 내키지 않는 듯 떨떠름한 표정을 지었다. 나란히 서 있는 찬영과 리사를 힐끗 쳐다본 아진이 가빈을 향해 걸어갔다.

"그래, 좋아."

"마지막 선수는 누구로 뽑는다?"

남학생들을 둘러보는 가빈을 향해 찬영이 불쑥 말했다.

"이선재를 뽑지그래?"

"선재를?"

의외라는 표정을 짓는 가빈의 얼굴을 똑바로 쳐다보며 찬영이 씨익 웃었다.

"선재 녀석, 키가 제법 크잖아."

"으음……."

가빈이 떨떠름한 눈으로 선재를 돌아보았다. 물론 가빈은 선재가 농구를 잘하리라 믿지 않았다. 하지만 찬영의 목소리에선 은근한 압박이 느껴졌다.

'대체 무슨 꿍꿍이지?'

무언가 낌새가 이상하다고 생각하면서도 가빈은 손가락으로 선재를 가리켰다.

"이선재, 너도 같이 뛰자."

삐이익-!

선생님의 휘슬과 함께 시합은 시작되었다. 가빈이 경쾌하게 드리블하며 센터 라인을 넘어갔다. 가빈이도 농구라면 어느 정도 자신이 있었다. 이번 기회에 평소 공부면 공부, 농구면 농구 못하는 것이 없다는 찬영의 코를 납작하게 만들어주고 싶었다.

"으윽!"

"마, 막앗!"

가빈이 현란한 몸놀림으로 수비수 두 명을 제치고 백팀 골대를 향해 돌진했다. 마지막으로 프리슬로라인 앞에 허수아비처럼 서 있는 리사를 가볍게 따돌린 가빈이 레이업슛을 시도했다. 만화 슬램덩크의 주인공만큼이나 완벽한 자세였다.

"흥, 어림없지!"

"으앗!"

눈앞에서 찬영이 솟구쳐 오른 것은 그때였다.

파악!

"크흑!"

가빈의 손을 떠난 공을 찬영이 사정없이 후려쳐버렸다. 공은 뒤쪽으로 튕겨나갔고 찬영의 기세에 질린 가빈은 엉덩방아를 찧고 말았다. 분한 듯 이를 깨무는 가빈을 지나쳐 찬영이 달려 나갔다.

"패스! 이쪽으로 패스해!"

공을 잡은 백팀 남학생이 사이드라인을 따라 파고드는 찬영에게 재빨리 패스했다. 찬영이 드리블 실력을 자랑하며 쇄도했다. 필사적으로 찬영의 뒤를 쫓으며 가빈이 소리를 질렀다.

"디펜스! 디펜스!"

청팀 남학생 둘이 한꺼번에 찬영에게 달려들었다.

"으앗!"

"크흑!"

"뚜, 뚫렸다!"

찬영이 단 한 번의 속임 동작으로 남학생들을 따돌리고 청팀 골대를 향해 돌진했다.

"아아…… 어떡하지?"

"그대로 서 있으면 돼!"

우물쭈물하는 아진을 스쳐 지나며 찬영이 히죽 웃었다. 이제 찬영의 앞에는 선재밖에 남아 있지 않게 되었다. 찬영이 회심의 미소를 지으며 당황하는 선재를 향해 빠르게 접근했다.

"이선재, 찬영이를 막아!"

가빈과 남학생들이 찬영이를 쫓아가며 꽥꽥 고함쳤다. 선재가 얼결에 뛰어나왔다. 찬영이가 몸을 빙글 돌리며 선재를 가볍게 피했다.

"으앗!"

발이 꼬인 선재는 철퍼덕 넘어지고 말았다. 찬영이 땅바닥에 엎드린 선재를 힐끗 돌아보며 비웃음을 흘렸다.

"리사가 너 같은 녀석을 좋아할 리 없잖아?"

"…….!"

선재가 충격을 받은 듯 눈을 크게 떴다.

출렁!

찬영이 텅 빈 골대로 뛰어올라 공을 집어넣었다.

"꺄악! 골인이다!"

"찬영이 최고!"

시합을 지켜보던 여학생들 사이에서 환호성이 터져 나왔다. 아진은 자기 팀이 실점했는데도 껑충껑충 뛰며 좋아라했다.

찬영이 하프라인 쯤에 우두커니 서 있는 리사를 향해 걸어갔다. 리사 앞에 우뚝 멈춰선 찬영이 근사하게 미소 지었다.

"이번 골은 리사 너를 위한 거야."

순간 여학생들이 호들갑스럽게 손뼉을 마주쳤다.

"어쩜, 리사는 좋겠다!"

"나를 위해서도 한 골 넣어줘, 찬영아!"

아진이 마주서 있는 찬영과 리사를 바라보며 움켜쥔 두 주먹을 부들부들 떨었다. 선재도 천천히 일어서며 두 사람을 보고 있었다. 언제나 미소가 감돌던 선재의 입가가 딱딱하게 굳었다. 가빈과 두 남학생이 선재를 향해 다가와 비난을 퍼부었다.

"야, 너 때문에 한 골 먹었잖아."

"넌 어떻게 그런 것도 못 막냐?"

"하여튼 제대로 하는 일이 없다니까."

선재로선 억울하기 짝이 없는 노릇이었다. 다른 수비수가 모두 뚫린 상황에서 다른 사람도 아닌 만능스포츠맨 찬영을 혼자 막는다는 것은 불가능했다. 그러나 가빈과 다른 친구들은 그런 사실은 철저히 외면한 채 자신들의 열등감을 선재에게 쏟아부었다.

"똑바로 해라, 응?"

"찬영이를 확실히 막으란 말이야."

"너만 잘하면 우리가 이길 수 있어."

아진도 한 마디 하려다가 포기하고 고개를 설레설레 흔들었다.

이후의 시합도 일방적으로 진행되었다. 가빈과 두 남학생이 필사적으로 찬영을 마크했지만 역부족이었다. 찬영은 능숙한 드리블과 완벽한 속임 동작으로 수비수들을 돌파했다. 찬영의 손을 떠난 공은 정확하게 골대를 통과했다. 후반전 막바지에 이르렀을 무렵, 백팀 대 청팀의 스코어는 30:8까지 벌어져 있었다. 어느새 땀투성이로 변한 가빈과 청팀 남학생들은 전의를 상실한 채 숨을 헐떡였다.

"찬영이 파이팅!"

"3점슛 대박이었어!"

"찬영이는 어떻게 못하는 게 없을까?"

청팀 백팀 구분 없이 일제히 환호를 보내는 여학생들을 향해 손을 흔드는 찬영을 가빈이 지그시 째려보았다. 가빈의 성난 눈빛이 선재에게로 옮겨졌.

"저 녀석을 뽑은 게 실수였어."

터무니없는 주장이었지만 선재는 그런 것에 신경 쓸 겨를이 없었다. 선재는 뚫어져라 한 지점을 응시하고 있었다. 그곳에 승자의 미소를 짓는 찬영과 수줍게 얼굴을 붉힌 리사가 마주서 있었다.

찬영이 표정이 장난스럽게 변했다

"이거 어쩌지? 리사를 위해 열심히 슛을 날리다보니 열 골이나 넣고 말았어."

"찬영이 너도 참 짓궂구나."

리사가 찬영이를 흘겨보았지만 싫은 얼굴은 아니었다.

"으앗! 저 녀석 막아!"

백팀 남학생의 비명소리가 들려온 것은 그때였다. 놀란 찬영과 리사가 고개를 휙 돌렸다.

"저, 저 녀석 뭐하는 거야?"

황당한 듯 중얼거리는 찬영의 눈에 하프라인을 넘어 혼자 드리블하는 선재의 모습이 들어왔다. 청팀이 경기를 완전히 포기한 상태에서 선재 혼자 반격을 시도하고 있던 것이다. 그런 선재를 바라보는 리사의 눈빛이 살짝 흔들렸다.

"선재야……."

동시에 찬영의 미간이 꿈틀했다.

"골을 넣게 놔둘 것 같아?"

찬영이 휙 돌아서서 폭주기관차처럼 질주하기 시작했다. 순식간에 하프라인을 넘은 찬영이 골대 밑으로 들어가는 선재를 따라붙었다.

중학생이라고는 도저히 믿을 수 없는 속도였다. 1반 학생들 전체가 새로운 긴장감에 휩싸인 채 골을 넣으려는 선재와 필사적으로 막으려는 찬영을 눈을 부릅뜨고 응시했다.

"파앗!"

선재와 찬영이 거의 동시에 도약했다. 선재의 레이업슛이 먼저 골대를 통과할 것 같았다. 바로 그때 찬영이 찬영이 강하게 어깨를 부딪쳤다.

"으윽!"

선재의 몸이 충격을 이기지 못하고 휘청했다. 그러나 공은 이미 선재의 손을 떠난 상태였다.

"출렁!"

거짓말처럼 공이 골대를 통과했다.

"쿵!"

동시에 선재는 바닥에 세차게 엉덩방아를 찧었다.

"투웅!"

골대를 통과한 공이 주저앉은 선재의 다리 사이로 떨어졌다. 선재와 바로 옆에 선 찬영이 데굴데굴 굴러가는 공을 멍하니 바라보며 거친 숨을 헐떡였다.

"허억허억……!"

"훅…… 후욱……!"

리사를 비롯한 반애들도 눈을 크게 뜨고 선재와 찬영을 바라보았다. 반애들은 선재가 찬영을 뚫고 골을 넣었다는 사실을 믿기 힘든

것 같았다.

"이선재 너어……."

찬영이 선재에게 말을 걸려는 순간, 체육 선생님이 길게 휘슬을 불었다.

삐이익-!

"경기 끝!"

찬영이 선재를 향해 불쑥 손을 내밀었다.

"……?"

의아한 표정으로 올려다보던 선재가 찬영의 손을 움켜잡고 일어섰다. 찬영이 선재의 얼굴을 들여다보며 씨익 웃었다.

"마지막 골은 굉장했어."

"고맙다."

말은 부드러웠지만 두 사람의 눈빛은 날카로웠다. 경쟁자를 바라보는 눈빛. 선재와 찬영은 한동안 손을 놓지 않은 채 서로의 눈을 뚫어져라 응시했다. 약간 떨어진 곳에 서서 리사가 그런 두 사람을 불안한 듯 지켜보았다.

수업이 끝나고 리사, 찬영, 선재는 나란히 교문을 나섰다. 수업이 끝나기 직전 찬영이 이렇게 말했던 것이다.

"모처럼 땀도 흘렸는데 수업 끝나고 피자집이라도 갈까?"

지난 번 분식집 순례 이후 떡볶이에 푹 빠진 리사의 강력한 주장 때문에 피자집이 떡볶이집으로 바뀌었고, 세 사람은 학교 근처의 떡볶

서동과 선화공주

이집으로 향하게 되었다.

"선재는 다른 약속 없니?"

"응, 별다른 약속 없어."

찬영이 은근히 눈치를 주었지만 선재는 고집스럽게 따라붙었다. 농구 시합에서 찬영을 뚫고 한 골을 넣은 이후 묘하게 자신감이 붙은 듯했다. 리사를 가운데 두고 선재와 찬영이 눈에 보이지 않는 신경전을 벌였지만 정작 리사는 크게 신경 쓰지 않는 눈치였다.

점점 강렬해지는 햇빛 때문에 리사는 리본이 달린 하얀색 모자를 썼다. 박 기사 아저씨에게 부탁해 집에서 가져온, 넓은 챙이 달린 지중해풍의 모자는 이국적인 느낌을 물씬 풍겼다.

"날씨 참 좋다, 그지?"

"응? 으응."

싱글벙글 웃는 리사와는 달리 찬영은 어색한 표정이었다. 입술을 깨물며 잠시 생각하던 찬영이 불쑥 말했다.

"기왕 떡볶이를 먹을 거면 '불타는 떡볶이'로 가자!"

"불타는 떡볶이? 떡볶이에서 불이 난다는 뜻이야?"

고개를 갸웃하는 리사를 돌아보며 선재가 설명했다.

"굉장히 매운 떡볶이를 말하는 거야."

"꺄아~ 재미있겠다. 우리 빨리 가보자."

미묘한 분위기를 풍기는 세 사람이 봄을 지나 초여름으로 접어들고 있는 화창한 거리를 나란히 걸었다.

학교에서 그리 멀리 떨어지지 않은 시내에서 가장 유명한 '불타는 떡볶이' 가게는 언제나처럼 손님들로 북적였다. 찬영과 리사, 선재는 운 좋게 자리를 잡고 앉아 벽에 걸린 메뉴판을 쳐다보았다. 진선중학교 학생들 사이에선 제법 유명한 이곳에는 단 네 종류의 메뉴만 있었다. 그냥 떡볶이, 불타는 떡볶이, 핵폭탄, 수소폭탄. 삼 년 전쯤 어느 선배가 수소폭탄 떡볶이를 먹고 응급실로 실려 갔다는 무시무시한 전설이 전해지고 있었다.

리사가 찬영과 선재를 향해 기대 가득한 얼굴로 물었다.

"우리 어떤 걸로 먹을까? 보통? 아니면 불타는 떡볶이?"

선재의 얼굴을 지그시 째려보던 찬영이 불쑥 말했다.

"기왕 여기까지 왔는데 불타는 떡볶이 정도는 먹어야 하지 않을까?"

"좋아, 불타는 떡볶이로 결정하자. 아줌마, 여기요!"

막 주문하려는 리사를 찬영이 팔을 뻗어 제지했다.

"잠깐!"

"왜?"

찬영이 선재의 얼굴에 시선을 고정시킨 채 씨익 웃었다.

"오늘은 왠지 머리가 확 뒤집힐 정도로 매운 걸 먹어보고 싶어. 우리 저걸로 주문하자."

찬영이 가리키는 곳을 쳐다본 선재의 얼굴이 핼쑥해졌다.

"수, 수소폭탄을 먹겠다고?"

"그래."

"제정신이야? 저건 인간이 감당할 수 있는 매운맛이 아니라고."

"자신 없으면 포기하든가."

"뭐라고……?"

찬영의 도발적인 미소에 선재의 눈썹이 꿈틀했다. 찬영과 시선을 마주치고 있던 선재가 천천히 고개를 끄덕였다.

"좋아, 먹어보자."

"아줌마, 저희 수소폭탄 주세요!"

찬영이 주방을 향해 소리치자 분식집 안에 있던 모든 손님들이 시선이 집중되었다.

"수소폭탄 나왔다. 쿨럭~"

떡볶이 접시를 내려놓는 주인 아줌마는 마스크로 코와 입을 가린 채였다. 세계에서 가장 맵기로 유명한 인도 고추와 멕시코 고추에 우리나라의 청양고추를 섞었다는 수소폭탄 떡볶이의 소스는 일단 빛깔부터가 예사롭지 않았다. 그것은 마치 독거미의 붉은 무늬처럼 위험한 분위기를 물씬 풍겼다. 단지 시각적인 효과만이 아니었다. 아직 입에 대지도 않았건만 떡볶이에서 풍기는 매운 향만으로도 선재, 리사, 찬영의 이마에는 땀방울이 송글송글 맺혔다.

"하하! 생각보다 맛있어 보이네. 자, 어서 먹자."

떡볶이를 시킨 당사자인 찬영이 억지로 웃으며 포크를 들었다. 이때 아줌마가 재빨리 손을 뻗어 찬영을 말렸다.

"잠깐! 먹기 전에 여기 사인부터 해라."

아줌마가 내미는 종이를 세 사람이 눈을 동그랗게 뜨고 내려다보았다. 찬영이 종이에 적힌 내용을 소리 내어 읽었다.

"이 떡볶이를 먹다가 불의의 사고를 당해도 주인에게 일체의 책임을 묻지 않겠습니다. 이 떡볶이는 어디까지나 저희 스스로 주문한 것임을 밝힙니다."

찬영과 리사, 선재가 불안한 눈으로 서로의 얼굴을 보았다. 리사가 억지로 웃으며 입을 열었다.

"우리…… 이걸 꼭 먹어야 할까?"

선재도 고개를 가로저었다.

"아무래도 이건 미친 짓이야."

선재와 리사가 동시에 찬영을 쳐다보았다. 두 사람이 얼른 너도 포기하라는 눈빛을 보냈다. 떡볶이를 뚫어져라 내려다보며 잠시 망설이던 찬영이 이내 선재를 향해 비웃듯이 말했다.

"포기하고 싶으면 포기하시든가."

선재도 눈을 치켜떴다.

"네가 먹겠다면 나도 먹을 수 있어."

"후회하지 않겠어?"

"너나 후회하지 마시지."

찬영과 선재가 떡볶이 접시를 가운데 두고 서로의 얼굴을 노려보았다. 찬영이 먼저 종이를 끌어다가 슥슥 사인했다. 선재도 지지 않고 사인했다.

"으앙, 무서워."

결국 리사도 울며 겨자 먹기 식으로 사인할 수밖에 없었다. 주인 아줌마가 다시 한 번 으스스한 경고를 남기고 돌아섰다.

"어쨌든 이 떡볶이를 먹다가 어떤 불상사가 생기든 우리는 책임 없다."

세 친구는 포크를 든 채 매운 냄새를 뭉클뭉클 풍기는 떡볶이 접시를 멍하니 내려다보았다.

찬영이 선재를 힐끗 보았다.

"자신 있게 사인하더니 왜 안 먹어?"

"그러는 넌 왜 망설이는데?"

"누가 망설인다는 거야? 좋아, 나부터 시범을 보이지."

찬영이 호기롭게 떡볶이 하나를 포크로 쿡 찍었다. 그리고 그것을 입에 넣고 우물거리기 시작했다. 떡볶이를 꿀꺽 삼키는 찬영의 얼굴을 리사와 선재가 눈을 부릅뜨고 쳐다보았다.

"괜찮아?"

"맵지 않아?"

"하하! 이 정도는 어린애도 먹을 수 있겠다!"

찬영이 호기롭게 웃어젖히자 선재도 질세라 떡볶이를 입에 넣었다. 선재가 떡볶이를 꼭꼭 씹더니 단숨에 삼켜버렸다.

리사가 선재의 얼굴을 불안한 듯 보며 물었다.

"너도 안 매워?"

"응! 급식시간에 먹는 깍두기 맛과 비슷해."

"좋아. 그럼 나도 먹어봐야지."

용기를 얻은 리사도 떡볶이를 입에 넣었다. 떡볶이를 꼭꼭 씹는 리사의 표정이 처음엔 편안해 보였다. 하지만 시간이 흐를수록 얼굴이 점점 붉게 변했다. 결국 리사는 떡볶이를 삼키자마자 비명을 지르며 맹렬한 기세로 물을 찾기 시작했다.

"꺄악! 물! 물! 물이 필요해!"

리사는 물 한 통을 완전히 비우고 나서야 비명을 멈추었다. 온몸이 땀에 젖은 리사가 선재와 찬영을 휙 째려보았다.

"이게 안 맵다고? 이건 사람이 견딜 수 있는 매운맛이 아니야."

선재와 찬영이 서로의 얼굴에 시선을 고정시킨 채 대답했다.

"나는 괜찮은데."

"네가 괜찮다면 나 역시 괜찮아."

"한번 해보자 이거지?"

"네가 원한다면 기꺼이."

"좋아. 누가 이기나 끝까지 해보자."

선재와 찬영이 경쟁적으로 떡볶이를 먹기 시작했다.

"얘네들 미쳤나봐……!"

땀을 줄줄 흘리면서도 떡볶이 먹는 것을 멈추지 않는 선재와 찬영을 리사가 눈을 동그랗게 뜨고 보았다. 리사뿐 아니라 가게 안의 손님들 전부가 무모한 두 사람을 멍하니 지켜보고 있었다.

자존심 싸움

'정말 안 매운 걸까?'

골똘히 생각하던 리사가 고개를 가로저었다. 선재의 충혈된 눈과 찬영의 떨리는 입술이 두 사람이 얼마나 대단한 고통을 참고 있는지 알려주고 있었다.

"으아아! 다 먹었다!"

선재와 찬영이 거의 동시에 포크를 내려놓자 사방에서 박수가 터져 나왔다.

짝짝짝짝!

"와아아! 진짜 대단하다!"

"내 블로그에 너희들 사진 올려줄게!"

"이쪽을 보고 웃어줄래?"

몇몇 손님들은 핸드폰으로 선재와 찬영의 모습을 촬영하기까지 했다. 숨을 헐떡이며 서로의 얼굴을 쏘아보는 선재와 찬영을 보며 리사가 기가 막힌 듯이 헛웃음을 터뜨렸다.

"어서 물부터 마셔."

"하하! 물은 필요 없다고."

"이 정도로 물을 찾으면 창피하지."

"헐~ 남자들이란!"

"헥헥……!"

물도 마시지 않고 밖으로 나온 선재와 찬영은 숨을 헐떡이며 땀을 줄줄 흘리고 있었다. 아직도 혀끝이 얼얼한 리사가 시원한 음료수를 마시며 그런 두 사람을 한심하게 쳐다보았다.

"남자들은 왜 저리 단순할까?"

한참을 산책하던 세 사람은 어느새 청계천 다리에 다다랐다. 갑자기 돌풍이 불어와 리사가 쓰고 있던 모자를 공중으로 날려버린 것은 그때였다.

휘이잉~

"꺄악! 내 모자!"

흰 나비처럼 너울너울 날아가던 모자가 개천에 빠졌다. 물살을 따라 유유히 흘러가는 모자를 리사와 친구들이 고개를 길게 빼고 내려다보았다. 리사의 눈에 눈물이 가득했다.

"히잉~ 스페인 친구들이 이별 선물로 사준 모자인데……."

"내가 건져올게!"

순간 선재가 다리 난간 위로 훌쩍 올라섰다. 누가 말릴 새도 없이 선재가 다리 아래로 몸을 날렸다. 리사가 선재를 잡으려고 팔을 내뻗으며 째져라 비명을 질렀다.

"멍청아, 뭐하는 짓이야?!"

3
마를 캐는 소년 서동과의 만남

풍덩-!

"어푸! 어푸!"

리사는 물속에서 정신없이 팔을 휘저었다. 리사는 자신이 물에 빠진 것이라고 생각했다. 멍청한 선재를 말리려다가 자신까지 빠져버린 것이리라. 그런데 조금 이상했다. 리사가 알기로 청계천은 무릎 깊이밖에 되지 않는데 지금은 아무리 버둥거려도 발이 바닥에 닿지 않았다.

"헥헥……!"

어쨌든 지중해에서 갈고 닦은 수영 실력 덕분에 리사는 무사히 물 밖으로 기어나올 수 있었다. 네 발로 엎드린 채 한동안 숨을 헐떡이던 그녀는 왜 자신의 발이 바닥에 닿지 않았는지 깨닫게 되었다.

리사가 빠졌던 곳은 청계천이 아니라 웬 낯선 연못이었다. 연못을 따라 복숭아가 주렁주렁 열린 나무들이 무리지어 자라고 있었다. 황당한 듯 두리번거리는 리사의 눈에 외따로 서 있는 허름한 초가집 한 채가 보였다. 기다란 평상이 놓여 있는 초가집의 널찍한 마당을 쳐다보며 리사가 중얼거렸다.

"여긴 어디지? 내가 또 어디로 떨어져버린 걸까?"

"이곳은 백제 사비성의 변두리야."

"!"

갑작스런 목소리에 리사가 깜짝 놀라 일어섰다. 황급히 돌아서는 리사 앞에 낡은 무명옷을 입고, 흙이 묻은 고구마가 가득 담긴 망태기를 어깨에 멘 또래의 소년이 서 있었다. 머리는 헝클어졌고, 얼굴에는 땟국이 줄줄 흘렀지만 눈동자만은 반짝이고 있는 소년의 얼굴을 유심히 바라보던 리사가 살짝 떨리는 목소리로 입을 열었다.

"이곳이 백제의 사비성이라고?"

"응!"

"삼국시대의 그 백제?"

"그렇다니까."

"하아~ 정말 멀리도 와버렸군."

리사가 한숨을 푹 내쉬었다.

"내 이름은 리사라고 해. 네 이름은 뭐니?"

"나는 장이라고 해."

"장? 이름 한 번 희한하네."

"마을 사람들은 보통 나를 서동이라고 불러."

소년이 망태기를 툭툭 두드리며 선량하게 웃었다.

"내가 마를 캐고 다니기 때문에 아이들이 그렇게 부르기 시작했는데, 그게 아예 이름처럼 되어버린 거야. 너도 서동이라고 불러도 좋아."

"서동?"

"참마 서에 아이 동자를 써서 서동이야."

"아하, 그럼 그건 고구마가 아니라 마라는 거야?"

"응! 쪄서 먹어도 좋고 국을 끓여도 맛있어."

"그러니까 내가 지금 백제 사비성의 서동의 집 앞에 와 있다는 말이지?"

새삼 자신의 처지가 한심해서 자조적인 목소리로 중얼거리던 리사가 문득 움찔했다.

"가만, 서동이라면……?"

"응, 혹시 나를 알아?"

리사가 가늘게 떨리는 손가락으로 서동의 얼굴을 가리켰다.

"얼마 전에 읽은 '세기의 로맨스'에 등장하는 그 서동이 맞는 거야?"

"세기의 로…… 뭐?"

"하하! 아무것도 아니니까 너무 신경 쓰지 마."

리사가 어색하게 웃으며 손사래를 쳤다. 그러다 둘이 있는 곳에서 멀지 않은 곳에 세기의 로맨스 책이 떨어져 있는 것을 발견했다. 책을 주워들며 리사가 부욱 인상을 구겼다.

"으이그~ 이놈의 책이 왜 안 따라왔나 했네."

이때 리사의 등 뒤에서 웬 여자의 목소리가 들려왔다.

"장아, 누구와 얘기 중이니?"

리사와 서동이 소리 나는 쪽을 향해 돌아섰다. 낡은 치마저고리를 입은 웬 아주머니가 다가오고 있었다. 서동이 아주머니를 향해 반가운 척을 했다.

"아, 어머니!"

"어머니라고?"

리사가 수수하게 차려 입었지만 은근한 기품이 흐르는 서동의 엄마를 향해 다소곳이 인사했다.

"안녕하세요? 서동의 친구 리사라고 합니다."

"오, 우리 장이의 친구란 말이지? 그런데 리사는 옷차림이 참 희한하구나?"

교복 차림의 리사를 위아래로 훑으며 엄마가 고개를 갸웃거렸. 딱히 변명할 말이 떠오르지 않아 리사는 대충 얼버무렸다.

"제가 백제가 아닌 다른 나라 출신이라서 그래요."

"다른 나라라면 어디? 고구려? 아니면 신라?"

"으음……."

잠시 고민하던 리사가 별 생각 없이 대답했다.

"시, 신라요."

"신라란 말이지?"

동시에 엄마의 안색이 굳어졌다.

"왜 그러시죠? 제가 신라 출신인 게 문제가 되나요?"

"지금 백제는 고구려와 연합해 당나라와 연합한 신라와 맞서고 있단다. 그러니까 우리 말고 다른 사람들한테는 네가 신라 사람이라고 말하지 않는 게 좋겠다."

"예, 잘 알겠습니다."

고구려 출신이라고 말할 걸 잘못했다고 후회하며 리사가 고개를 끄덕였다.

"그런데 리사는 신라에서 이 먼 백제까진 어쩐 일로 왔니?"

"그, 그냥 여행 삼아서 왔어요."

"두 나라가 전쟁 중인데, 적국으로 여행을 왔단 말이니?"

"헤헤! 어쩌다 보니 그렇게 되었네요."

"……?"

머리를 긁적이는 리사의 얼굴을 물끄러미 보던 엄마가 초가집을 향해 돌아섰다.

"시장할 텐데 일단 집으로 가자. 아참, 그 전에 옷부터 갈아입는 게 좋겠구나."

"우와~ 맛있겠다!"

삶은 마에서 김이 모락모락 피어올랐다. 수수한 치마저고리로 갈아입은 리사가 평상 위에 앉아서는 손을 맞잡은 채 마를 내려다보았다.

아닌 게 아니라 배가 몹시 고팠던 것이다.

　서동의 엄마가 리사에게 껍질을 벗긴 하얀 마 하나를 건네주었다.

"어서 먹으렴."

"잘 먹겠습니다."

　리사와 서동은 뜨거운 마를 들고 호호 불며 맛있게 먹었다. 어디선가 시원한 초여름 바람이 불어와 리사의 뺨을 스치고 지나갔다. 리사는 고소한 마를 우물거리며 새파란 하늘을 올려다보았다. 책에서나 읽었던 까마득한 과거였지만 살 만한 세상이라고 생각하며 리사가 빙그레 미소 지었다. 리사가 문득 생각난 듯이 서동의 엄마를 향해 물었다.

"그런데 서동의 아빠는 일하러 나가셨나요?"

"……!"

　순간 서동과 엄마의 얼굴이 딱딱하게 굳어졌다. 입을 굳게 다문 두 사람의 얼굴을 번갈아 보며 리사가 작은 소리로 중얼거렸다.

"내, 내가 뭔가 실수를 했나요?"

　서동이 억지로 웃으며 대답했다.

"나는 아버지가 안 계셔."

"아, 미안해. 돌아가신 모양이지?"

"그게 아니라 처음부터 없었어."

"뭐? 어떻게 그럴 수가……?"

　리사가 혼란스런 눈으로 돌아보자 엄마가 단호하게 말했다.

"실은 장이에겐 아버지가 있단다."

"어디에 계시는데요? 혹시 신라나 고구려에 계신가요?"

"그런 게 아니란다."

"그럼……?"

잠시 뜸을 들이던 엄마가 손가락으로 마당 바깥쪽, 리사가 빠져나온 연못을 가리켰다.

"장이의 아버지는 저 연못에 살고 있는 용신님이란다."

"용신이라면…… 설마 용이요?"

황당한 표정을 짓는 리사의 눈을 들여다보며 엄마가 고개를 끄덕였다.

"그래, 내가 처녀였을 때 용신님이 어느 날 밤 나에게 오셨단다."

"하하……! 그, 그렇군요."

"리사는 내 말을 못 믿는 모양이구나?"

"물론 믿어요. 하지만……."

리사가 힐끗 서동의 눈치를 살폈다. 엄마는 몰라도 서동만은 이렇게 황당한 이야기를 믿을 리가 없다고 생각했기 때문이다. 그런데 서동이 뜻밖의 반응을 보였다.

"맞아, 나는 용신님의 아들이야. 그러니까 언젠가는 분명 대단한 인물이 될 거야."

마를 우물거리며 자신 있게 말하는 서동을 보며 리사가 한숨을 푹 쉬었다.

"그렇구나."

엄마가 기특하다는 듯 서동의 등을 두드려주었다.

"우리 아들은 당연히 큰 인물이 되고말고."

"고마워요, 어머니."

서로를 마주보며 빙그레 웃는 서동과 엄마를 지켜보며 리사는 참 이상한 모자라고 생각했다.

점심을 먹고 나서 리사는 엄마가 설거지하는 것을 도와드렸다. 그리고 평상에 앉아 잠시 쉬고 있다가 깜빡 잠이 들었다. 리사가 눈을 떴을 때는 이미 밤이었다. 리사는 아마도 서동의 엄마가 덮어주었을 이불을 젖히고 몸을 일으켰다. 사위는 불빛 한 점 없이 칠흑처럼 어두웠다. 백제 때 가로등이 있는 것도 아니니 어쩌면 당연한 일이었다. 대신 하늘에 엄청난 숫자의 별이 빛나고 있었다. 당장이라도 머리 위로 쏟아져 내릴 것 같은 별무리를 보고 있자니 선재의 얼굴이 떠올랐다.

"미련한 녀석 같으니…… 모자 때문에 다리 아래로 뛰어내린다는 게 말이 되느냐고? 분명 다리가 부러졌을 거야."

리사가 시무룩하게 중얼거렸다.

철썩!

연못 쪽에서 물소리가 들려온 것은 그때였다. 개구리가 물속으로 뛰어드는 소리 같기도 했고, 물고기가 수면을 차고 뛰어 오르는 소리 같기도 했다.

"대체 뭐지……?"

고개를 갸웃하며 대문 밖을 내다보는 리사의 눈에 이상한 것이 들어왔다. 저쪽 연못가에서 희미한 불빛 같은 게 일렁이고 있었던 것이다. 처음엔 물가에서 반딧불이가 날아오르는 줄 알았다. 그런데 시간이 흐를수록 불빛이 점차 강렬해지는 것이 아닌가.

"뭐가 저렇게 눈부시게 빛나고 있는 걸까?"

리사가 호기심 어린 얼굴로 마당 밖으로 걸어 나갔다.

연못에 도착한 리사의 눈이 휘둥그레졌다. 연못 한복판에서 여러 가닥의 빛선들이 솟구치고 있었기 때문이다. 공중 높이 치솟은 빛선들은 저희들끼리 뭉쳐져 둥그런 빛 덩어리를 만들었다. 그것은 마치 한밤중에 떠오른 해처럼 강한 빛을 뿌렸다. 하얀 빛에 얼굴을 물들인 채 리사가 질린 듯 중얼거렸다.

"저 빛은 대체 뭐지? 연못 속에서 무슨 일이 벌어지고 있는 걸까?"

후아아앙!

순간 빛 덩어리가 갑자기 풍선처럼 부풀었다. 더욱 강렬해진 빛을 감당하지 못하고 리사가 팔등으로 얼굴을 가린 채 주춤 물러섰다.

스파아아아앗-!

다음 순간 빛이 산산이 폭발하며 폭풍이 휘몰아쳤다.

"꺄아악!"

리사가 돌풍을 맞은 허수아비처럼 붕 튕겨나갔다. 땅바닥을 정신없이 구르던 리사가 간신히 상반신을 일으켰다.

"허억! 저, 저것은……?!"

리사의 시야에 믿을 수 없는 광경이 다가들었다. 거대한 용 한 마리가 수면을 박차고 밤하늘로 날아오르고 있었던 것이다. 밤하늘을 향해 머리를 똑바로 쳐들고 날아가던 용이 힐끗 눈알을 굴려 리사를 보았다. 용과 눈이 마주친 리사는 당장에라도 심장이 멎을 것만 같았다. 찢어져라 눈을 부릅뜬 채 리사는 한 가지 생각에 사로잡혔다.

'서동이 용의 아들이라는 말은 사실이었구나……!'

마침내 용이 밤하늘로 완전히 사라져버렸다. 용이 사라지자 연못을 환하게 물들였던 빛도 함께 흩어졌다. 다시 고요해진 연못가에 풀벌레 우는 소리만 고즈넉했다.

리사는 여전히 풀밭에 멍하니 주저앉아 있었다. 넋을 놓고 별빛을 반사하는 수면을 응시하던 리사가 꿈꾸는 듯한 소리로 중얼거렸다.

"방금 그건 진짜 용이었을까? 아니, 어쩌면 내가 꿈을 꾼 것일지도……."

날이 밝자마자 서동은 어제 캔 마를 팔기 위해 마을로 향했다. 심심했던 리사도 따라나섰다.

초여름 아침 공기는 상쾌했다. 풀냄새가 기분 좋게 풍기는 오솔길을 나란히 걸어 서동과 리사는 마을로 향했다. 연못을 지나던 리사가 문득 걸음을 멈추고 아침햇살을 눈부시게 반사하고 있는 수면을 물끄러미 응시했다.

"왜 그러고 있어?"

"응? 아, 아무것도 아니야."

리사가 억지로 웃으며 손사래를 쳤다. 가뜩이나 엉뚱한 서동에게 지난 밤 용을 본 것 같다고 말하기는 싫었기 때문이다. 리사가 다시 서동과 나란히 걸으며 물었다.

"여기서 마을까지는 얼마나 걸려?"

"한 반나절 정도만 걸으면 돼."

"마을에 가면 마를 팔 수 있는 거야?"

"마을에 작은 시장이 있어. 그곳에 내 자리가 있거든."

"아하, 그렇구나."

"마를 열심히 팔아서 돈을 모을 거야. 그런 다음 신라로 갈 작정이야."

"신라와는 전쟁 중이라며? 위험하게 왜 적국으로 가려고 해?"

"신붓감을 구하기 위해서지."

리사가 의미심장하게 웃는 서동의 얼굴을 보았다.

"신라에 신붓감이 있어? 그게 대체 누군데?"

"그게 누구냐 하면 말이지……."

서동의 눈이 반짝 빛났다.

"신라 진평왕의 셋째 따님이신 선화공주님!"

"뭐, 뭐라고……?!"

리사의 표정이 저도 모르게 일그러졌다. 백제 사비성 변두리에서 마나 캐는 녀석이 갑자기 신라의 공주와 결혼하겠다니 황당해도 너무 황당했던 것이다. 그러고 보니 세기의 로맨스에서 '서동과 선화공주'에 관한 이야기를 읽은 기억이 났다. 몇 페이지만 읽었기 때문에 둘 사이가 어떻게 되었는지는 알 수가 없었지만 리사는 무조건 서동과 선화공주는 이루어질 수 없는 사이라고 단정해버렸다. 마를 캐는 평범한 소년과 고귀한 공주님이 맺어진다는 것은 상상조차 할 수 없었다.

"혹시 선화공주님과 원래 아는 사이야?"

"아니, 전혀 몰라."

"그런데 왜 선화공주님을 신붓감으로 점찍은 거야?"

"진평왕에게는 덕만, 천명, 선화 세 공주님이 있어. 그중에서도 셋째인 선화공주님이 가장 착하고 예쁘다는 소문이 우리 백제에까지 쫙 퍼졌지. 그래서 언젠가는 선화공주님을 아내로 맞이하겠다고 결심한 거야."

"하아…… 너는 참 매사 제멋대로 생각하는 버릇이 있구나."

"응? 그게 무슨 소리야?"

바보처럼 우직한 서동에게서 선재의 모습을 떠올린 리사가 버럭 고함쳤다.

"네가 아무리 좋아해봤자 선화공주님이 네 신부가 될 리는 없다는 뜻이야!"

"으음……."

서동이 미간을 살짝 찌푸린 채 리사의 얼굴을 바라보았다. 괜히 선재 때문에 말을 너무 심하게 했다고 생각한 리사가 재빨리 사과했다.

"미, 미안. 현실을 알려주고 싶었을 뿐이지 널 무시할 의도는 없었어."

"괜찮아. 누가 뭐라든 난 선화공주님을 아내로 맞이할 테니까. 왜냐하면 난 용신의 아들이거든."

엄지손가락으로 제 얼굴을 가리키며 씨익 웃는 서동을 리사가 기가 막힌 듯이 쳐다보았다.

"휴우…… 너나 선재나 도대체 말이 통하지를 않는구나."

백여 채가 넘는 초가집과 기와집으로 이루어진 마을 한복판에 선 시장은 일찍부터 사람들로 북적였다.

"비단 사세요, 비단! 당나라에서 물 건너온 최고급 비단!"

"수달 가죽 사세요! 섬진강에서 잡아 올린 질 좋은 수달 가죽이 왔어요!"

"강궁 사세요! 호랑이도 한 방에 때려잡는 고구려 산 강궁이오!"

리사는 신기한 눈으로 열심히 호객하는 상인들과 흥정을 벌이는 손님들을 둘러보며 서동을 따라 시장통을 가로질렀다.

"여기가 내 자리야."

서동이 시장 한 구석의 커다란 밤나무 아래 우뚝 걸음을 멈추었다. 넓은 시장에서도 행인들이 가장 뜸한 구석자리였다. 리사가 작은 돗자리를 펴는 서동을 향해 볼멘소리를 했다.

"좋은 자리도 많은데 왜 하필 이런 구석을 선택한 거야? 이래서 장사가 되겠어?"

서동이 피식 웃으며 망태기의 마를 꺼내 돗자리 위에 펼쳐놓았다.

"너무 많이 팔지 않아도 괜찮아. 먹을 양식을 사고, 언젠가 신라로 떠날 여비만 모으면 되거든."

"으이그~ 남자 녀석이 그렇게 욕심이 없어서야."

한심하다는 듯 혀를 차는 리사 옆에서 서동이 손님들을 향해 외치기 시작했다.

"마 사세요! 맛있고 싱싱한 마를 싸게 팔고 있습니다!"

뚱뚱한 중년 아줌마가 와 서동 앞에 쪼그리고 앉아 마를 뒤적였다.

"이 마는 네가 직접 캔 거니?"

"예, 마님."

"껍질이 거무튀튀한 것이 어째 오래된 것처럼 보이는데?"

"바로 어제 캤는걸요."

"흐음, 거짓말은 아니겠지? 그래서 마 한 근에 얼만데?"

"한 푼인데요."

아줌마가 가당치도 않다는 듯 손을 휘휘 내저었다.

"뭐가 그리 비싸? 두 근에 한 푼이라면 사마."

"예에? 반값에요? 하지만 그렇게 팔면 본전도 못 챙깁니다."

"얘가 왜 엄살을 부리고 그래? 장사치들은 늘 너처럼 남는 게 없다고 말하더라."

"휴우……."

서동이 할 말을 잃고 한숨을 푹 쉬었다. 서동의 마음이 약한 것을 알아차린 아줌마가 마를 막 주워 담기 시작했다.

"그 값에 주는 걸로 알고 담을게."

"잠깐!"

이때 리사가 아줌마의 손목을 움켜잡았다.

"왜 그러니?"

"그걸 몰라서 물어요?"

리사의 눈꼬리가 하늘로 향했다.

"두 근에 한 푼을 받아서는 발품 값도 안 나온단 말이에요. 그러니까 한 근에 한 푼을 내든지, 아니면 장사 방해하지 말고 얼른 비켜요."

"뭐, 뭐라고……?"

아줌마의 표정이 험악하게 일그러지자 서동이 황급히 끼어들었다.

"동생이 철딱서니가 없어서 말실수를 했습니다. 그냥 두 근에 한 푼으로 가져가십시오."

"흥, 진작 그럴 것이지."

마를 한 보따리나 챙겨서 뒤뚱뒤뚱 멀어지는 아줌마의 뒷모습을 째려보던 리사가 버럭 화를 냈다.

"서동 너! 왜 이리 물러터졌니? 이래가지고 어느 세월에 돈을 모으겠어, 엉?"

"약간 손해를 보면서 사는 것도 괜찮아. 당장은 손해 같아도 언젠가는 반드시 보답을 받게 돼 있거든."

뒤통수를 긁적이는 서동을 보며 리사는 실소를 금할 수가 없었다.

'이 녀석 이거 진짜 이선재와 판박이네.'

이후에도 서동은 손님이 깎아달라는 대로 깎아주며 마를 팔았다. 한심하게 장사한 덕분에 오후 일찍 마는 바닥이 나버렸다. 돗자리를 챙기는 서동을 리사가 팔짱을 낀 채 탐탁지 않게 지켜보았다.

"그래, 이선재도 늘 저런 식으로 손해를 보면서 지냈지."

꼬로록~

리사의 아랫배에서 갑자기 밥 달라는 소리가 울려 퍼졌다. 서동이 휘둥그레진 눈으로 리사를 돌아보았다.

"리사, 혹시 배고파?"

"아침부터 아무것도 안 먹었으니까 당연하지."

"그럼 진작 말하지. 국밥 한 그릇 사줄 테니까 따라와."

4
원수의 나라 신라로

잠시 후, 서동과 리사는 주막집 평상에 마주앉아 있었다. 두 사람 사이에 놓인 작은 상 위에는 돼지고기를 큼직큼직하게 썰어 넣은 국밥이 딱 한 그릇만 놓여 있었다. 숟가락을 손에 쥔 채 미간을 잔뜩 찌푸린 리사를 향해 서동이 얼른 먹으라며 재촉했다.

"배고프다며? 어서 먹지 않고 뭐해?"

리사가 숟가락으로 털이 삐죽삐죽 돋아 있는 고깃덩이를 찌르며 물었다.

"이게…… 대체 무슨 고기야?"

"돼지고기잖아. 신라에선 돼지고기도 안 먹어?"

리사가 한숨을 푹 쉬었다.

"사람이 먹는 음식에 어떻게 털도 뽑지 않은 고기를 넣을 수가 있어? 대체 이런 걸 어떻게 먹으라는 거야?"

"일단 한 번 먹어봐. 이 집 국밥이 얼마나 맛있는데."

리사가 마지못해 국밥을 한 숟가락 떠올렸다. 그리고 그것을 억지로 입안에 밀어 넣었다. 인상을 잔뜩 찌푸린 채 우물거리던 리사의 눈이 커다래졌다.

"와! 진짜 맛있다!"

"그것 봐. 내가 뭐라고 했어?"

리사가 허겁지겁 먹기 시작했다.

"음음…… 국물이 끝내주는군."

"하하!"

리사가 문득 유쾌하게 웃는 서동의 얼굴을 쳐다보았다.

"그런데 너는 왜 안 먹어?"

"뭐라고?"

"국밥을 왜 한 그릇만 시켰느냐고. 너도 밥을 굶었잖아."

"나, 난 아직 배가 안 고파. 그러니까 너나 어서 먹도록 해."

"……"

서동의 얼굴을 물끄러미 보던 리사의 그의 손에 억지로 숟가락을 쥐어주었다.

"나는 충분히 먹었으니까 이제 네가 먹어."

"나는 진짜 배가 불러서……"

"멍청아, 돈이 모자라서 한 그릇만 시킨 거잖아!"

"!"

리사가 짐짓 눈을 부라렸다.

"혼나기 전에 어서 먹어라, 응?"

"알았어. 그럼 먹을게."

천천히 국밥을 먹는 서동의 얼굴을 리사가 한심한 듯 보았다.

"이래가지고 언제 선화공주를 만나러 갈래?"

"언젠간 갈 수 있겠지, 뭐. 그런데 리사야말로 언제 신라로 돌아갈 생각이야?"

"나도 언젠간 갈 테니까 걱정 마."

"그런데 리사네는 굉장히 부자인 모양이지? 그러니까 여행 삼아 백제 땅까지 왔겠지."

"글쎄……."

골똘히 생각하던 리사가 별 생각 없이 고개를 끄덕였다.

"맞아. 나는 신라에서 굉장히 유명한 귀족 가문의 딸이야."

"역시 그렇구나."

벼락같은 고함소리가 들려온 것은 그때였다.

"네년이 신라의 첩자가 분명하렷다?"

"이게 무슨 소리야?"

리사와 서동이 눈을 동그랗게 뜨고 마당을 돌아보았다. 다른 평상에서 밥을 먹고 술을 마시던 사람들이 살기등등한 눈초리로 리사를 노려보며 서 있었다. 서동이 사람들을 향해 물었다.

"신라의 첩자라뇨? 무슨 말씀이세요?"

콧잔등에 칼자국이 선명한 우락부락한 중년 남자가 리사를 가리켰다.

"저 계집아이가 신라 귀족의 딸이라고 말하는 걸 똑똑히 들었다. 신라 귀족의 딸이 백제 땅에 왜 들어왔겠느냐? 우리 백제를 염탐하러 왔겠지!"

"그, 그게……."

서동과 리사가 변명할 말을 찾지 못하고 서로의 얼굴을 보았다.

"이 상처를 봐라."

중년 남자가 제 콧잔등의 흉터를 가리켰다. 그가 핏발선 눈으로 리사를 쏘아보며 으르렁거렸다.

"이건 치열했던 관산성 전투에서 신라 놈들과 육박전을 벌이다가 생긴 상처야. 내 마음속에는 신라 놈들에 대한 복수심이 가득하다. 다른 건 몰라도 신라의 첩자가 활개치고 돌아다니는 꼴은 봐줄 수가 없단 말이다!"

서동이 순순히 고개를 끄덕였다.

"알았어요. 이 아이를 아저씨께 넘길게요."

"당연히 그래야지!"

그러나 서동의 손은 뒤쪽으로 슬그머니 돌아가 아직 뜨끈한 국밥 그릇을 움켜쥐고 있었다.

"리사야, 뛰엇!"

"앗, 뜨거!"

서동이 중년 남자를 향해 국밥을 확 뿌림과 동시에 리사의 손을 잡고 튀어나갔다. 쓰러지는 남자를 부축하느라고 다른 사람들도 다람쥐처럼 빠져나가는 서동과 리사를 미처 붙잡지 못했다.

"저, 저놈들 잡아라!"

"신라의 첩자가 도망친다!"

"누가 병사들 좀 불러와요!"

서동은 절대로 놓치지 않겠다는 듯 리사의 손을 단단히 잡은 채 행인들을 거칠게 밀치며 시장통을 내달렸다.

우투투투투!

"이놈들, 거기 서지 못할까?"

어디선가 말발굽 소리가 들려왔다. 뒤를 돌아본 서동과 리사의 입에서 동시에 신음이 새어나왔다.

"맙소사……!"

갑주와 창검으로 무장한 백제의 기마병들이 득달같이 쫓아오는 게 보였다.

"이, 이제 어떻게 하지?"

"어떡하긴 뭘 어떡해? 무조건 도망쳐야지!"

"차라리 자수해서 오해를 푸는 게 낫지 않을까? 잘못하면 서동 너까지 다칠 수 있어."

"일단 첩자로 몰리면 실토할 때까지 매질을 당할 거야. 그럼 없는 죄도 털어놓을 수밖에 없다고."

서동이 리사의 팔을 잡아끌며 좁은 시장 골목으로 도망쳤다. 기마병들도 포기하지 않고 쫓아왔다.

"후악후악……!"

심장이 튀어나올 정도로 숨을 헐떡이며 달렸지만 기마병들과의 거리는 점점 좁혀졌다. 리사의 얼굴이 울상으로 변했다.

"이러다 붙잡히고 말겠어."

덜컹!

"얘들아, 이리로 들어오렴!"

이때 바로 옆쪽 문이 열리며 누군가 서동의 팔을 잡아당겼다. 서동과 서동에게 팔이 잡혀 있던 리사가 함께 문 안으로 딸려 들어갔다.

투투투투투투!

서동과 리사는 숨을 죽인 채 문 밖을 스쳐 지나가는 말발굽 소리에 귀를 기울였다. 그제야 두 사람의 눈에 바로 앞에 서 있는 아줌마의 모습이 들어왔다. 오전에 서동에게 마를 사갔던 그 뚱뚱한 아줌마였다.

"마님이 어떻게……?"

황당한 표정을 짓는 서동을 향해 아줌마가 빙그레 미소 지었다.

"아까 마를 사면서 네가 순진한 녀석이란 걸 알게 되었어. 그런 네가 신라의 첩자일 리가 없지 않니?"

"믿어주셔서 고맙습니다."

"뒷문으로 빠져나가렴. 최대한 빨리 이곳을 벗어나는 게 좋을 거야."

"정말 감사합니다, 마님."

서동이 아줌마에게 인사하며 리사의 옆구리를 쿡 찔렀다. 리사도 얼결에 서동을 따라 머리를 숙였다.

"고, 고맙습니다."

리사는 저도 모르게 당장은 손해를 보는 것 같아도 언젠가는 반드시 보답을 받게 된다는 서동의 말을 떠올렸다.

"으음…… 머지않아 병사들이 집으로 들이닥치겠구나."

해질 무렵, 땀투성이가 되어 돌아온 서동과 리사로부터 자초지종을 전해들은 엄마가 어두운 표정이 되었다. 잠시 고민하던 엄마가 서동을 향해 단호한 목소리로 말했다.

"장아, 리사와 함께 신라로 가거라."

"예에? 갑자기 무슨 말씀이세요?"

"시장 사람들이 네가 어디에 살고 있는지 알고 있어. 여기에 있으면 위험하다."

서동이 고개를 가로저었다.

"어머니만 남겨두고 떠날 수는 없어요."

"언젠가 서라벌로 가서 선화공주님을 아내로 맞이하겠다고 하지 않았니? 이번 기회에 네 꿈을 이루고 돌아오란 말이다."

"하지만……."

망설이는 서동을 대신해서 리사가 어색하게 웃으며 대꾸했다.

"하지만 원한다고 해서 아무나 공주를 아내로 맞이할 수는……."

"리사 네가 장이를 도와주렴."

"예에?"

엄마가 갑자기 자신의 손을 움켜잡자 리사가 움찔했다.

"너는 신라의 귀족이라며? 그러니까 선화공주님과 만나게 해줄 수 있지 않겠니?"

"하하! 그야 그렇지만……."

이때 서동이 결심한 듯 고개를 크게 끄덕였다.

"알겠어요, 어머니. 반드시 선화공주님을 아내로 맞이해서 돌아오겠어요."

"오, 신이시여……!"

도무지 말이 통하지 않는 모자 때문에 리사는 눈물이라도 흘리고 싶은 심정이었다.

날이 어두워지길 기다렸다가 서동과 리사는 길을 나섰다. 엄마의 성화에 못 이겨 서두른 것이 천만다행이었다. 두 사람이 떠나자마자 잔뜩 화가 치민 기마병들이 집으로 들이닥쳤기 때문이다. 집을 샅샅이 뒤졌지만 서동과 리사를 찾지 못한 기마병들이 사방으로 흩어져 두 사람을 추격하기 시작했다. 아무도 모르는 산길을 택한 서동 덕분에 병사들은 끝내 두 사람을 찾아내지 못했다.

서동과 리사는 열흘 밤낮을 꼬박 걸어서 마침내 신라 땅으로 무사히 들어갔다. 그리고 다시 이틀 낮과 밤을 꼬박 걸어 신라의 수도 서

라벌에 도착할 수 있었다.

　사건은 새벽이 뿌옇게 밝아올 무렵, 서라벌로 들어가는 성문을 통과할 때 생겼다. 새벽 첫닭이 우는 것과 동시에 열리는 성문을 지나려고 이른 시간부터 사람들이 길게 줄을 서 있었다. 서동과 리사도 사람들 틈에 섞였다. 마침내 성문이 천천히 열리고 갑주와 창검으로 무장한 험상궂은 신라 병사들이 쏟아져 나왔다. 지휘관으로 보이는 늙은 장군이 줄을 선 사람들을 향해 외쳤다.
　"지금부터 성 안으로 들여보내 줄 테니 모두 통행증을 꺼내도록 하라!"
　사람들이 웅성거리며 품속에서 나무를 깎아 만든 통행증을 꺼내는 것을 보고 서동과 리사는 당황했다.
　"윽! 통행증이 있어야 하는 모양이야."
　"통행증을 갑자기 어디서 구한다지?"
　서동이 자신보다도 안절부절못하는 리사를 이상하다는 듯 쳐다보았다.
　"리사, 너는 통행증이 있을 거 아니야?"
　"으, 응?"
　"너는 신라의 귀족 출신이라고 했잖아. 당연히 통행증이 있겠지."
　"그, 그게……."
　머뭇거리던 리사가 서동을 똑바로 쳐다보며 고백했다.
　"실은 내가 신라에서 왔다는 건 거짓말이었어."

"뭐라고? 그럼 대체 어디에서 왔는데?"

"아주 먼 곳에서 왔어."

"먼 곳이면 어디? 고구려? 아니면 그 너머 당나라나 거란?"

"아니, 그보다 훨씬 먼 곳이야."

"그보다도 먼 곳이라면 대체 어디라는……?"

리사가 미안한 듯 미소 지었다.

"지금은 자세히 설명할 수 없어. 그냥 그런 곳이 있다고 생각해주면 안 될까?"

"네가 그렇게 말한다면야……."

서동이 한숨을 푹 쉬었다.

"그나저나 우리 둘 다 통행증이 없으니 큰일이다."

"그러게."

잠시 고민하던 서동이 목소리를 낮추었다.

"내가 시선을 끌 테니까 그 사이에 너는 성 안으로 들어가도록 해."

"너를 두고 나 혼자? 그건 절대 안 돼."

"그럼 우리 둘 다 붙잡혀야 속이 시원하겠니? 너라도 무사해야 나를 구해줄 수 있을 거 아니야?"

"차라리 지금 도망치자."

"으이그~ 저걸 보고 그런 얘기를 하시지."

리사가 주위를 둘러보니 병사들이 이미 겹겹이 에워싸고 있었다. 도망치기에도 늦어버린 것이다. 리사가 어찌할 바를 몰라 전전긍긍

하고 있을 때, 서동이 갑자기 성문 앞에 버티고 서 있는 장군을 향해 다가갔다.

"서동, 어딜 가는 거야? 당장 돌아오지 못해?"

리사가 절박하게 불렀지만 서동은 들은 척도 하지 않았다. 서동이 장군 앞에 우뚝 버티고 서서 그의 얼굴을 빤히 쳐다보았다. 고개를 갸웃하던 장군이 무뚝뚝하게 물었다.

"나한테 볼 일이 있느냐?"

"장군님은 직책이 어떻게 되시나요?"

"뭐라고?"

"직책을 물어보았습니다만."

"허어······."

장군이 미간을 찌푸리며 불쾌한 기색을 숨기지 않았다. 다른 사람이 이렇게 무례하게 굴었다면 성격 급하기로 유명한 노장군은 절대 참지 않았을 것이다. 그런데 서동에게선 함부로 대할 수 없는 기품 같은 게 흐르고 있었다. 장군이 고개를 갸웃하며 서동의 모습을 찬찬히 살폈다.

'분명 평민의 복장인데, 어찌 온몸에서 왕족과도 같은 품위가 흐른다는 말인가······?'

서동을 어떻게 대할까 고민하던 장군이 흠흠, 헛기침을 하며 대답했.

"나는 대 신라국의 중랑장 아모달이라고 한다. 너는 누구이기에 건방지게 장군의 직책을 묻는단 말이냐?"

서동이 장군의 물음에 대답하는 대신 다시 엉뚱한 질문을 던졌다.

"중랑장이면 높은 직책인가요?"

"으음……."

"높은 직책이냐고 묻질 않았습니까?"

"병사 오백 명을 지휘할 수 있는 계급이다."

"고작 오백? 그럼 별로 높지도 않군요."

"끄으으……."

장군이 더 이상 참지 못하고 고함을 지르려는 순간, 서동의 입에서 뜻밖의 말이 튀어나왔다.

"어쩐지 장군이 나를 못 알아본다 했습니다."

장군이 움찔하며 서동의 얼굴을 다시 찬찬히 보았다.

'정말 왕족이라도 된다는 말인가? 그런데 왜 전혀 눈에 익지가 않을꼬?'

장군의 목소리가 한결 조심스럽게 변했다.

"그렇다면 공자가 대 신라국의 왕족이라도 된다는 말입니까?"

"그걸 이제야 알아차렸단 말씀이오?"

"윽!"

서동의 목소리가 얼음장처럼 싸늘해지자 장군이 저도 모르게 부동자세를 취했다. 장군이 서동을 향해 머리를 조아렸다.

"몰라 뵈서 죄송합니다! 어느 궁에 속한 왕자님인지 알려주신다면 당장 모셔다드리겠습니다!"

"내가 어느 궁에 속한 왕자냐 하면 말이죠……."

서동이 선뜻 대답하지 못하고 머뭇거렸다. 서동이 알고 있는 신라의 왕족이라곤 국왕인 진평왕과 그의 세 딸 덕만, 천명, 선화공주가 전부였다. 서동이 될 대로 되라는 식으로 대답해버렸다.

"나, 나는 덕만공주의 아들이오!"

"……!"

'헤헤…… 다행히 제대로 찍은 모양이군.'

장군의 눈이 커다래지는 것을 확인하고 서동은 안심했다. 장군이 서동의 멱살을 와락 틀어잡은 것은 그때였다.

"네 이놈, 감히 누굴 속이려고?"

"으앗! 갑자기 왜 이래요?"

장군이 서동에게 얼굴을 바싹 들이밀었다.

"덕만공주께선 아직 혼인도 하지 않으셨다! 그런데 어떻게 너 같은 아들이 존재할 수 있다는 말이냐?"

"아차……!"

서동의 얼굴이 백짓장처럼 창백해졌다. 진평왕의 첫째 딸인 덕만이 이미 혼인했으리라 예상했는데 틀린 모양이었다. 서동은 괜히 왕족인 척해서 문제만 복잡해졌다고 후회했지만 이미 때늦은 후회였다.

'끌려갈 때 가더라도 리사만은 무사히 통과시켜줘야 해!'

결심을 굳힌 서동이 갑자기 자신의 멱살을 붙잡은 장군의 어깨 너머를 가리키며 빽 소리쳤다.

"아앗! 덕만공주님!"

"공주마마라고?"

장군이 얼결에 서동의 멱살을 놓고 돌아섰다. 서동이 그 틈을 놓치지 않고 장군을 냅다 밀치고 성문 안쪽으로 도망쳤다.

"만나서 반가웠어요, 장군님!"

"저 발칙한 놈을 추포하라!"

"와아아!"

병사들이 서동을 쫓아 우르르 몰려갔다. 리사도 서동을 쫓아 성문 안쪽으로 헐레벌떡 들어갔다.

"서동! 서동, 같이 가야지!"

하지만 리사가 안으로 들어갔을 때 서동은 이미 병사들에 의해 질질 끌려가고 있었다. 장군이 서동의 옆에 서서 연달아 꿀밤을 먹였다.

"못된 녀석 같으니! 버릇을 고쳐주마!"

"아아…… 서동을 어쩌면 좋지……?"

리사가 멀어지는 서동의 뒷모습을 안타깝게 바라보았다.

5
엉뚱한 공주님

신라 진평왕에게는 세 명의 딸이 있었다. 왕위를 계승할 왕자가 없어서 속상했지만 요즘 들어 진평왕은 더 이상 그런 아쉬움을 느끼지 않았다. 첫째 딸인 덕만과 둘째 딸인 천명이 어느 왕자 부럽지 않을 정도로 총명했기 때문이다. 그런데 마지막 공주인 선화는 두 언니와는 조금 달랐다.

"선화는 착하고 예쁘기는 한데, 너무 엉뚱해서 탈이란 말씀이야."

햇살 좋은 초여름 오전에 왕궁을 거닐며 진평왕은 가끔 엉뚱한 기행으로 궁의 사람들을 놀라게 하는 막내딸 선화에 대해 생각하고 있었다.

"선화도 곧 열네 살이 되니까 시집을 보내야 할 터인데…… 으응?"

턱 밑을 쓰다듬으며 중얼거리던 진평왕이 문득 걸음을 멈추었다.

왕을 따라 내관들과 궁녀들도 함께 섰다.

"저기 보이는 게 선화가 아니냐?"

"그, 그런 것 같사옵니다 전하."

내관들이 머리를 조아리며 곤혹스런 표정을 지었다. 선화공주가 오늘도 아침부터 엉뚱한 짓을 벌이고 있었기 때문이다.

선화공주는 서너 명의 궁녀들과 함께 널찍한 연못 앞에 무릎을 꿇고 있었다. 향이 뭉클뭉클 피어오르는 제사용 향로를 앞에 두고서 선화공주는 짐짓 경건하게 두 손을 모으고 기도를 올리는 중이었다.

"여섯 바다와 열두 강을 다스리는 사해용왕이시여! 신라국의 막내 공주 선화가 기도드리오니, 부디 연못 위로 승천하시어 눈부신 자태를 보여주소서!"

하늘을 향해 두 팔을 번쩍 쳐들었던 선화공주가 땅바닥에 이마를 찧으며 절을 올리자 궁녀들도 마지못해 따라했다. 선화공주가 향로에 향을 한 움큼 넣으며 다시 사해용왕 어찌고 하는 기도문을 읊조렸다.

"크흐흠……."

진평왕이 떨떠름한 얼굴로 막내딸을 향해 다가갔다.

"선화야, 이런 곳에서 무얼 하고 있는 것이냐?"

"오셨군요, 아바마마!"

선화공주가 반색하며 일어섰다. 방실방실 웃는 딸의 얼굴을 들여다 보던 진평왕이 공주의 시녀들을 향해 눈을 부라렸다. 진평왕의 마음을 알아차린 궁녀들이 앞다퉈 머리를 숙였다.

"죽을죄를 지었나이다, 전하."

"저희들은 말렸사오나, 공주마마께서 이 연못에 용이 살고 있다고 하도 우기시는 바람에……."

진평왕이 한숨을 푹 쉬며 딸을 향했다.

"선화야, 이 연못에 용 같은 것은 살고 있지 않단다."

"아닙니다. 틀림없이 용이 살고 있습니다."

"아니라니까 그러는구나."

"하지만 지난 밤 문무대왕 편에서 똑똑히 읽었는걸요. 이 연못에 용이 살고 있는데, 정성으로 기도를 올리면 하늘로 승천하는 모습을 보여준다고 말입니다."

"후우…… 네가 역사책을 읽은 게로구나."

그제야 상황을 알아차린 진평왕이 답답한 듯 중얼거렸다. 막내딸은 책에 쓰인 모든 내용과 사람이 입 밖으로 내뱉은 모든 말을 무조건 믿는 경향이 있었다. 그녀는 책에 적힌 내용이 과장되었거나 다른 사람의 말이 거짓일지도 모른다는 생각은 아예 하지 못하는 것 같았다. 그리고 이것이야말로 그녀가 잊을 만하면 벌이곤 하는 엉뚱한 행동의 주요 원인이었다.

잠시 굳은 얼굴로 선화공주를 바라보던 진평왕의 표정이 스르륵 풀렸다. 어쨌든 눈에 넣어도 아프지 않을 금지옥엽 막내딸인 것이다. 진평왕이 눈을 반짝이고 있는 선화공주의 머리를 쓰다듬으며 부드럽게 타일렀다.

"선화야, 역사책이 전부 사실은 아니란다. 그중에는 선대 대왕의 업적을 칭송하고, 후대에 교훈을 주기 위해 다소 과장된 내용도 포함되어 있단다."

"그럼 그건 역사책이 아니잖아요."

"그러니까 그게……."

"이 연못에는 분명 용왕님이 살고 계세요. 제 말을 믿으세요, 아바마마."

"으음……."

할 말을 잃고 공주를 바라보던 진평왕이 더 이상 참지 못하고 짜증 섞인 목소리로 호통쳤다.

"자꾸 고집을 피우면 왕궁의 감옥에 갇혀 있는 흉악한 죄수들 중 한 놈을 골라 시집을 보낼 테다!"

"예에?"

선화공주가 충격을 받은 듯 눈을 크게 떴다. 진평왕이 억지로 웃음을 참으며 공주를 스쳐 지나갔다.

"아비는 바쁜 용무가 있어 대전으로 갈 테니 너는 죄수에게 시집가고 싶지 않거든 어서 방으로 돌아가도록 해라."

"……."

선화공주는 진평왕의 뒷모습이 시야에서 완전히 사라질 때까지 꼼짝도 하지 않았다. 궁녀들이 공주의 눈치를 살피며 물었다.

"공주님, 처소로 모실까요?"

"아니, 왕궁의 감옥으로 가자."

"예에? 흉악한 죄수들이 갇혀 있는 감옥에는 대체 왜요?"

"방금 아바마마께서 하신 말씀을 못 들었느냐? 나는 한시라도 빨리 신랑감을 만나보고 싶구나."

빠르게 걸음을 옮기는 선화공주를 궁녀들이 헐레벌떡 쫓아갔다.

"기다리세요, 공주님!"

"그게 그런 뜻이 아니라니까요!"

"공주님 제발!"

"네 죄를 네가 알렷다!"

그 시각, 병사들에게 붙잡힌 서동은 왕궁의 감옥에 갇혀 취조받고 있었다. 서동의 앞에는 감옥의 관리를 책임진 옥사장과 검을 찬 병사들이 버티고 서 있었다. 서동이 무섭게 생긴 옥사장의 얼굴을 힐끗 보며 고개를 저었다.

"모르겠는데요."

"뭐, 뭣이라? 네가 백제의 첩자라는 사실을 부정하겠다는 뜻이냐?"

"백제에서 온 건 맞지만 첩자는 아니라고 이미 말씀드렸잖습니까."

옥사장이 서동에게 얼굴을 들이밀며 으득 이를 갈아붙였다.

"좋다. 그렇다면 왜 덕만공주님의 아들이라고 거짓말을 했느냐?"

"그건……."

"역시 대답하지 못하는군. 내가 대신 말해주지. 그건 바로 네놈이 첩자이기 때문이다."

옥사장이 손가락으로 서동의 가슴을 쿡쿡 찔렀다. 서동이 답답하다는 듯 한숨을 몰아쉬었다.

"글쎄, 첩자가 아니라니까요."

"그럼 백제 놈이 뭐하러 적국인 신라에 왔다는 말이냐?"

"으음……."

뭐라고 대답할지 고민하다가 서동은 솔직해지기로 마음먹었다.

"실은……."

"그래 실은?"

"선화공주님을 만나 뵈러 왔습니다."

"선화공주님을?"

"예."

"네깟 놈이 선화공주님을 대체 왜?"

"저는 원래 사비성 변두리에서 마를 캐어 파는 아이입니다. 그런데 시장에서 신라를 오가는 상인들로부터 진평왕의 세 따님 중 막내인 선화공주님께서 가장 착하고 아름답다는 소문을 들었습죠. 그래서 결심하게 되었던 겁니다."

"대체 뭘 결심했는데?"

"선화공주님을 제 아내로 맞이하기로요!"

"……!"

당연하다는 듯 외치는 서동의 말에 옥사장과 병사들이 황당한 표정을 지었다. 너무 기가 막혀 입도 뻥긋하지 못하던 옥사장과 병사들이 일제히 웃음을 터뜨렸다.

"으핫하하!"

"이런 미친놈을 봤나?"

"완전히 맛이 간 녀석 같은데요."

서동이 눈을 치켜뜨고 항의했다.

"왜 웃어요? 나는 진지하단 말입니다!"

"제발 정신 좀 차려라, 이놈아."

옥사장이 서동의 이마를 쿡쿡 찔렀다.

"마나 캐어 파는 너 따위 놈이 공주님의 낭군이 되는 것보다는 해가 서쪽에서 떠오르기를 기다리는 편이 빠르겠다."

"이이……!"

옥사장이 분한 듯 입술을 깨무는 서동을 향해 느물거렸다.

"내가 장담하지. 너란 놈은 죽는 날까지 선화공주님과 혼인은커녕 얼굴 한번 구경하지 못할 것이다."

그러나 옥사장의 장담은 오래가지 못했다. 그의 등 뒤에서 공주의 목소리가 들려왔기 때문이다.

"누가 나를 만나지 못한다는 말이냐?"

"으윽! 서, 선화공주님!"

옥사장과 병사들이 깜짝 놀라 궁녀들을 거느리고 나타난 선화공주를 돌아보았다. 선화공주가 천천히 다가와 서동 앞에 섰다. 서동이 멍한 눈으로 선화공주를 올려다보았다. 상상했던 것보다 몇 배는 더 어여쁜 공주가 너무 갑자기 눈앞에 나타나자 서동조차 그만 말문이 막혀버렸다.

서동의 얼굴을 뚫어져라 들여다보던 선화공주가 호기심으로 눈을 빛냈다.

"이 아이는 누구냐?"

"그것이 저어……."

뭐라고 해야 좋을지 몰라 우물쭈물하던 옥사장이 얼결에 이렇게 대답했다.

"이, 이놈은 서동이라고 아주 흉악한 놈입니다!"

"이 아이가 왕궁의 감옥에서 가장 악독한 죄인이란 뜻이냐?"

"그, 그렇사옵니다."

"호오, 그렇단 말이지……?"

옥사장은 서동에 대해 나쁘게 이야기할수록 점점 호감을 갖는 듯한 공주를 이상하게 쳐다보았다. 서동의 얼굴을 빤히 쳐다보던 선화공주가 물었다.

"네가 백제의 첩자라고?"

"여기 옥사장님에게도 말했지만 저는 첩자가 아니라 백제에서 선화공주님과 혼인하고 싶어서 달려온 서동이라고 합니다."

당당하게 대답하는 서동을 궁녀들이 꾸짖었다.

"네 이놈, 감히 누구에게 혼인 운운하는 것이냐?"

"천한 놈이 죽으려고 작정을 했구나!"

"조용히 해!"

선화공주가 팔을 뻗어 궁녀들을 제지했다. 그리고 서동과 시선을 마주한 채 심각하게 말했다.

"아바마마께서 갑자기 왕궁의 감옥에서 가장 흉악한 죄인에게 나를 시집보내겠다고 말씀하셨어. 그런데 옥사장이 가장 흉악하다고 말하는 서동은 나와 혼인하고 싶어서 백제에서 여기까지 달려왔다고 말하고 있네? 이게 운명이 아니고 대체 뭐겠어?"

궁녀들이 기절할 것 같은 얼굴로 외쳤다.

"으악! 제발 진정하세요, 공주님!"

"이상한 상상은 그만두세요!"

"이 녀석은 그냥 백제의 첩자일 뿐이라고요!"

그러나 선화공주의 귀에는 이미 궁녀들의 목소리가 들리지 않았다. 공주가 서동의 눈을 똑바로 쳐다보며 물었다.

"서동, 너에 관한 이야기를 들려주지 않을래? 어디에 살고 있는지, 가족은 어떤 사람들인지?"

"알겠습니다, 공주님."

서동이 빙그레 미소 지으며 사비성 변두리의 초가에서 어머니와 단둘이 살고 있는 자신에 대해 솔직하게 털어놓았다. 서동의 이야기에 귀를 기울이던 선화공주가 진지하게 물었다.

"그러니까 오래전부터 나와 혼인해야겠다고 결심했단 말이지?"

"예, 그렇습니다."

"나를 그렇게까지 좋아해줘서 정말 고마워."

선화공주가 감탄스런 표정을 하자 몸이 달은 궁녀들이 다시 끼어들었다.

"이 녀석의 말을 믿어선 안 됩니다, 공주님!"

"게다가 마를 캐는 백제의 가난한 소년이라뇨? 전하께서 이런 녀석에게 공주님을 시집보낼 리가 없지 않습니까?"

그러거나 말거나 선화공주가 서동의 손을 잡고 일으켜주며 귓가에 대고 속삭였다.

"서동, 오늘은 이쯤에서 헤어지는 게 좋겠어. 너와 더 많은 이야기를 나누고 싶지만 잘못하면 궁녀들이 아바마마께 일러바칠지도 모르거든. 대신 다른 날 나를 만나러 와주지 않을래?"

"하지만 저는 궁에 함부로 들어올 수가 없는걸요."

"자, 이걸 받아."

선화공주가 서동의 손에 옥을 깎아 만든 둥근 패를 쥐어주었다. 한 마리 봉황이 정교하게 새겨진 옥패를 들여다보며 서동이 고개를 갸웃했다.

"이게 뭡니까?"

"신라의 왕족만이 지니고 다니는 옥패란다. 이것만 있으면 언제든 자유롭게 궁을 출입할 수 있어."

"그 말씀은…… 저를 풀어주신다는 뜻인가요?"

"당연하지."

"고맙습니다, 공주님!"

서동이 선화공주의 손을 와락 잡자 궁녀들이 호들갑을 떨었다.

"무엄하다!"

"어서 공주님의 손을 놓지 못할까?"

잠시 후, 서동은 도끼눈을 뜨고 째려보는 옥사장과 궁녀들의 따가운 시선을 받으며 감옥을 빠져나올 수 있었다. 선화공주가 손을 흔들며 배웅했다.

"잘 가, 서동."

"고마워요, 공주님. 꼭 다시 뵈러 올게요."

한편 리사는 하루 온종일 미친 사람처럼 서라벌 거리를 헤매고 다녔다. 성문을 지키는 병사들에게 끌려간 서동을 찾기 위해서였다. 하지만 서동이 어디로 끌려갔는지조차 알아낼 수가 없었다. 그래도 리사는 포기하지 않고 번잡한 거리를 계속 뒤지고 다녔다. 리사는 자신이 서동을 매우 깊이 걱정하고 있음을 깨닫고 문득 의아한 기분이 들었다. 한참을 고민하던 리사는 자신이 서동을 걱정하는 이유를 알아냈다.

'이익을 따지지 않고, 나보다 남을 먼저 생각하는 서동은 선재와 매우 닮았어. 아마 그것 때문에 내가 서동이란 녀석을 이렇게까지 걱정하고 있는 거겠지.'

지친 얼굴로 걸음을 옮기던 리사가 우뚝 멈춰 섰다. 눈을 부릅뜨는 리사의 눈에 거드름을 피우며 걸어가는 신라군 장군의 모습이 들어왔다. 우락부락한 인상에 호랑이 수염을 기른 장군은 오늘 새벽 성문 앞에서 서동을 끌고 간 그 작자가 분명했다. 다짜고짜 장군에게 달려든 리사가 뒤쪽에서 그의 허리를 와락 끌어안았다.

"서동을 돌려줘요!"

"이, 이 계집이 뭐하는 거야?"

"서동을 돌려달라고요!"

"아닌 밤중에 홍두깨도 아니고 서동이 대체 누군데?"

"장군님이 오늘 새벽에 끌고 간 내 친구 말이에요!"

"이제 보니 그 백제 첩자 놈을 말하는 거로군!"

"꺄악!"

장군이 리사를 밀쳐 땅바닥에 쓰러뜨렸다. 쓰러진 리사의 얼굴을 가리키며 장군이 으르렁거렸다.

"너도 첩자로 잡아들이기 전에 썩 물러가라!"

휙 돌아서서 걸음을 옮기던 장군은 다시 멈춰 설 수밖에 없었다. 리사가 네 발로 기어와 장군의 한쪽 다리를 와락 끌어안았기 때문이다.

"서동이 어디 있는지 알려주기 전에는 절대로 놓아주지 않겠어요!"

"흥, 마음대로 해라!"

장군이 리사를 다리에 매단 채 걸음을 옮겼다. 자욱한 흙먼지를 일으키며 끌려가는 리사를 행인들이 의아한 듯 쳐다보았다. 무릎이 까

져서 피가 흘렀지만 리사는 결코 장군을 놓아주지 않았다.

"헉헉……!"

한참동안 리사를 끌고 가던 장군도 지쳤는지 숨을 헐떡이며 멈춰섰다. 장군이 죽은 듯 엎드려 있는 리사를 돌아보며 질린 듯이 중얼거렸다.

"이런 지독한……!"

"서동은 어디에 있어요?"

"네 친구는 왕궁으로 끌려갔다. 그러니 그곳에 가서 알아봐라."

"왕궁이라고요……?!"

"헉…… 허억……."

리사는 휘청거리며 걸음을 옮겼다. 초여름 햇살은 살갗을 익혀버릴 정도로 뜨거웠다. 말들이 지나갈 때마다 피어오른 먼지가 콧구멍으로 파고들어 숨조차 쉬기 힘들었다. 너무 지치고 힘들어 아무 데나 쓰러져 잠들고 싶었지만 리사는 억지로 걸음을 내딛었다.

"내가 아니면 서동 그 멍청이를 누가 구해주겠어……?"

마침내 리사의 눈앞에 병사들이 삼엄하게 지키고 있는 웅장한 왕궁의 성문이 나타났다.

"드디어 찾았구나!"

리사가 희미하게 미소 지으며 성문을 향해 휘적휘적 걸음을 옮겼다. 병사들이 의아한 눈으로 당장이라도 쓰러질 듯이 다가오는 리사를 바라보았다. 병사들이 리사를 막으려는 순간, 성문이 열리며 누군가 걸어 나왔다. 성문 밖으로 나온 사람은 바로 리사가 그토록 애타게 찾아 헤매던 서동이었다.

"와! 날씨 한 번 좋다!"

서동이 손 그늘을 만들어 청명한 하늘을 올려다보았다. 손을 내리고 앞을 본 서동이 멈칫했다. 온몸이 땀과 흙투성이로 변한 채 우두커니 서 있는 리사의 모습을 발견했기 때문이다.

"리사, 어떻게 된 일이야?"

콰악!

서동이 쏜살같이 달려가 쓰러지려는 리사를 와락 안았다. 서동의 품에 안긴 채 리사가 이를 갈아붙였다.

"멍청아, 너 때문에 온 서라벌 거리를 헤매고 다녔다고!"

"……?"

6
서동요

　리사는 이틀 낮, 이틀 밤 동안 옴짝달싹 못하고 누워 있었다. 서동은 왕궁에서 그리 멀지 않은 한 주막집의 문간방에 리사를 눕혀놓고 극진하게 간호했다.
　"으으…… 공주님은 포기해, 서동……."
　가끔씩 헛소리를 중얼거리는 리사의 이마에 서동이 찬 수건을 올려주곤 했다.
　사흘째 아침에서야 리사는 털고 일어났다. 열도 내렸고, 몸도 가뿐해졌다. 서동이 죽 한 그릇을 뚝딱 비우는 리사를 흐뭇하게 지켜보았다. 식사를 마친 리사가 서동에게 인사부터 건넸다.
　"정말 고마워. 네 덕분에 살았어."
　"너도 나를 구하려다가 아팠던 거잖아. 피장파장이지 뭐."

"흐음, 딴은 그렇네."

수긍하듯 고개를 끄덕이던 리사가 서동에게 얼굴을 접근시켰다.

"어쨌든 우리 당장 백제로 돌아가자. 어차피 선화공주와 혼인한다는 건 허황된 꿈이야."

리사의 얼굴을 물끄러미 보던 서동이 씨익 웃었다.

"나 실은 왕궁에서 선화공주님을 만났어."

"뭐, 그게 정말이야?"

"공주님이 자기를 꼭 다시 만나러 오라고 이 옥패까지 주셨는걸."

서동이 꺼내 보인 옥패를 뚫어져라 들여다보던 리사의 표정이 심각하게 변했다.

"설마 공주님 앞에서 혼인 어쩌고 한 것은 아니겠지?"

"물론 얘기했어. 공주님도 내가 싫지 않은 눈치였어."

"뭐, 뭐라고? 그럼 그 자리에 다른 사람들도 있었어?"

"응, 공주님을 시중드는 궁녀들이 있었지."

"……!"

리사가 입을 벌린 채 싱글벙글 웃는 서동의 얼굴을 바라보았다. 리사의 머릿속으로 여러 가지 생각이 스치고 지나갔다. 마지막에 든 생각은 진평왕이 절대로 적국의 가난뱅이 소년에게 귀한 딸을 시집보낼 리가 없다는 것이었다. 만에 하나 선화공주가 서동에게 관심을 보인다면 진평왕은 어떻게 할 것인가? 서동의 신변에 위험이 닥칠 수도 있다고 판단한 리사의 목소리가 심각하게 변했다.

"서동, 지금부터 내가 하는 말 잘 들어."

"응?"

"절대로 선화공주님을 만나러 왕궁으로 들어가선 안 돼. 진평왕이 너의 존재를 알면 절대로 살려두려고 하지 않을 거야."

"그게 대체 무슨 말이야? 진평왕께서 왜 나를 해치려고 하시겠어?"

"무조건 내 말을 들어. 너나 선재는 너무 순진해서 위험이 닥쳐도 잘 모른단 말이야."

"선재는 또 누구야?"

"어쨌든 지금 당장 백제로 돌아가자."

"으음……."

서동이 신음을 흘리며 리사의 얼굴을 가만히 보았다. 잠시 후, 서동이 몸을 일으키자 리사도 따라 일어섰다.

"어디를 가려고?"

"이 주막에서 며칠씩이나 공짜로 묵었으니 밥값부터 해야지."

"밥값이라면……?"

"내가 잘하는 일이라곤 마를 캐는 것밖에 없잖아. 서라벌에 머무는 동안에도 마를 캐서 생활비를 벌 생각이야."

"그러지 말고 돌아가자니까."

"갈 때 가더라도 주모한테 밥값은 주고 떠나야지."

"그럼 나도 같이 갈래."

리사와 서동이 방문을 열고 나왔다. 주막은 아침부터 손님들로 붐

벴다. 뚱뚱하고 사납게 생긴 주모가 부엌에서 땀을 뻘뻘 흘리며 정신없이 국밥을 말고, 돼지고기를 썰고 있었다. 서동과 리사가 부엌 입구에 서서 말을 걸 기회를 찾고 있는데 주모가 갑자기 버럭 고함을 질렀다.

"여기 있던 마는 대체 누가 치운 거야? 설마 그 많던 마를 벌써 다 써버린 건 아니겠지?"

찬모들이 주모의 눈치를 살피며 대답했다.

"저희는 조금 밖에 안 썼어요."

"사실 마가 많이 부족해요. 조금 더 사다주세요."

주모가 국자로 솥뚜껑을 탕탕 두드리며 성질을 부렸다.

"이것들아! 요즘 서라벌에서 마가 금보다 비싸다는 걸 몰라서 하는 소리야, 엉?"

순간 서동의 표정이 환해졌다.

"방금 저 소리 들었지?"

"무슨 소리?"

"마가 금보다 비싸다잖아."

"그게 뭐 어쨌다고?"

서동이 대답도 하지 않고 부엌 안으로 불쑥 들어갔다.

"아주머니, 지난 사흘간 신세가 많았습니다."

주모가 화가 풀리지 않은 얼굴로 서동을 휙 돌아보았다.

"인사치레는 되었으니 숙박비나 계산해라."

"미안하지만 돈이 한 푼도 없는데요."

"뭐가 어쩌고 어째?"

한 방 날리려는 듯 국자를 쳐드는 주모를 향해 서동이 재빨리 말했다.

"요즘 서라벌에서 마가 귀하다면서요?"

"그게 숙박비와 무슨 상관이냐?"

서동이 씨익 웃으며 대답했다.

"제가 마를 캐올 테니까 그걸로 숙박비를 대신하면 어떨까요?"

"네가 마를 캐올 수 있다고?"

"예."

"마가 씨가 말랐다고 하던데 무슨 수로?"

"일단 믿고 맡겨주세요. 제가 이래봬도 고향에서 마를 하도 잘 캐내어 서동이란 이름으로 불렸거든요."

"호오, 그럼 속는 셈치고 한번 믿어볼까?"

부엌 밖에서 리사가 걱정스럽게 중얼거렸다.

"저러다 못 캐면 대체 어쩌려고 저러지?"

서동의 장담은 빈 말이 아니었다. 신라의 수도 서라벌이 한눈에 내려다보이는 토함산을 한나절 동안 누비고 다닌 서동의 망태기에는 굵직한 마가 수북했다. 토함산 정상의 바위에 서동과 나란히 앉아 땀을 식히던 리사가 피식 웃었다.

"마 하나는 정말 잘 찾는구나. 네가 왜 서동이라 불리는지 알겠다."

"나도 그게 이상해. 다른 건 몰라도 마 냄새만큼은 기가 막히게 맡거든. 이것도 재주라면 재주겠지."

"그래, 아주 확실한 재주야."

"이제 그만 내려가자. 주모가 눈이 빠지게 기다리고 있을 거야."

마를 잔뜩 캐서 돌아온 서동을 주모가 쌍수를 들고 환영했다. 주모는 서동과 리사가 문간방에서 계속 지낼 수 있도록 해주었다. 삼시세끼 따뜻한 식사도 제공해주겠다고 했다. 물론 서동이 계속 최상품의 마를 제공해주는 조건이었다.

"마는 얼마든지 캐드릴 수 있으니 걱정 마세요."

주모를 향해 사람 좋게 웃는 서동의 팔을 리사가 잡아당겼다.

"백제로 돌아가기로 했잖아."

"내가 언제?"

"아까 분명히 그렇게 말했잖아."

"네가 그렇게 말했을 뿐이지 나는 그러겠다고 대답한 적 없어."

"헐······!"

"잠시만 더 서라벌에 머물도록 하자, 응? 이렇게 부탁할게."

두 손을 모아 쥐는 서동을 째려보던 리사가 한숨과 함께 타박했다.

"그렇더라도 이건 우리가 너무 손해야."

"그건 또 무슨 소리야?"

"귀한 마를 한 자루씩 캐다주는데 잠자리와 식사만 제공한다는 게 말이 돼? 그러지 말고 시장에 가서 더 비싼 값에 팔아보자."

"으음……."

못마땅한 표정을 짓는 서동을 향해 리사가 손을 휘휘 내저었다.

"알았어, 알았다고. 당장은 손해 보는 것 같아도 언젠가는 반드시 보답을 받는다 이거지?"

"이 주막의 주인 아주머니는 네가 아플 때 큰 도움을 주셨어. 작은 이익 때문에 그런 분을 배신해서야 되겠니?"

"어련하시겠어? 정말이지 너는 내가 아는 어떤 녀석과 지독하게 닮았다니까."

"선재인가 하는 아이 말이지?"

"그래, 바로 그 이선재!"

여름이 깊어질 때까지 서동과 리사는 같은 주막에서 지냈다. 낮에는 열심히 마를 캤고, 밤에는 지쳐서 곯아떨어졌다. 언제부터인가 서동은 거리의 아이들에게도 마를 나눠주기 시작했다. 삼국 간에 하루가 멀다 하고 전쟁이 벌어지고, 거리에는 고아들이 넘쳐났다. 서동은 그런 아이들을 그냥 지나치지 못했다.

"으이그……! 자기 처지는 생각하지도 못하고 매일 남부터 챙기려고 들지."

리사가 핀잔을 주었지만 솔직히 서동의 그런 면이 싫지는 않았다. 나름 평화로운 나날이었다. 그러나 언제까지 이렇게 지낼 수는 없는 노릇이다. 서동은 선화공주와 혼인하기 위해 먼 신라 땅까지 온 것이다.

마침 그때 서동의 귀에 심상치 않은 소문이 전해졌다. 서동은 그 소문을 주막의 문간방에서 리사와 함께 아침식사를 하다가 들었다.

"선화공주님께서 곧 혼인을 하신다지?"

"성골인 이찬대감의 아드님과 혼인하신다더군."

"그것 참 경사스러운 일일세."

밥을 먹다 말고 서동과 리사가 서로의 얼굴을 멍하니 보았다. 서동이 숟가락을 소리 나게 내려놓았다.

"리사 너도 들었지?"

리사가 오히려 설득조로 말했다.

"잘된 일인지도 몰라. 이제는 헛된 꿈을 포기하고 어머니가 기다리시는 집으로 돌아가자."

"나가서 직접 알아봐야겠어."

리사의 말을 무시하고 서동이 방문을 박차고 나갔다. 부엌으로 들어간 서동이 주모에게 물었다.

"선화공주님이 혼인한다는 게 사실입니까?"

주방에서 땀을 뻘뻘 흘리며 육수를 삶고 있던 주모가 힐끗 돌아보았다.

"뭐라고?"

"선화공님께서 혼인한다는 소문이 사실이냐고요!"

"그런 것 같긴 하다만…… 그런데 서동 네가 왜 그리 흥분하니?"

"제가 흥분 안 하게 생겼어요! 선화공주님은 저와 혼인해야…… 으읍!"

리사가 뒤쪽에서 급히 입을 틀어막으며 서동을 끌고나갔다. 주모가 그런 두 사람을 보며 고개를 갸웃했다.

"저 녀석들이 왜 저런다지?"

주막 밖으로 끌려나온 서동이 리사에게 버럭 화를 냈다.

"너는 선화공주님이 다른 녀석과 혼인한다는데 아무렇지도 않아?"

"응, 나는 아무렇지도 않아."

"우리가 왜 여기까지 왔는데?"

"애초 네가 선화공주와 혼인한다는 것 자체가 꿈같은 이야기였어. 그러지 말고 우리 백제로 돌아가자. 자칫하면 네 목숨이 위태로워질 수도 있다니까."

"목숨이 위태로워지든 어쩌든 선화공주님과 혼인하는 것은 나의 운명이야. 절대로 혼자 돌아가지는 않겠어."

"으음……."

고집을 부리는 서동의 얼굴을 리사가 난감한 듯 바라보았다. 서동이 결연한 얼굴로 돌아섰다.

"무슨 수를 써서라도 이 혼인을 막을 테니까 두고봐."

멀어지는 서동의 뒷모습을 보며 리사가 어깨를 축 늘어뜨렸다.

"저 바보 같은 녀석, 저러다 크게 다치고 말 거야."

선화공주가 건네준 옥패의 위력은 대단했다. 왕궁의 성문을 철통처럼 지키고 있던 병사들이 옥패를 보자마자 순한 양처럼 길을 열어주었다. 친절하게 안내까지 받으며 서동은 왕궁 깊숙한 후원에 자리 잡은 전각에 도착할 수 있었다. 하얀 연꽃이 핀 연못가에 세워진 전각은 그 자체로 한 폭의 그림이었다. 전각 앞에 서 있던 궁녀들에게 옥패를 내보이자 의아한 표정을 지었다.

"누구신데 왕족만이 지닐 수 있는 옥패를 가지고 계십니까?"

"그게 실은……."

서동이 대답하려는 순간, 전각의 문이 벌컥 열리며 선화공주가 뛰어나왔다. 서동을 발견한 선화공주가 구르듯 섬돌을 밟고 내려왔다.

"서동, 와주었구나!"

"안녕하셨어요, 공주님?"

서동과 선화공주가 반갑게 손을 맞잡았다. 선화공주가 서동에게서 한 걸음 떨어지며 짐짓 눈을 흘겼다.

"왜 이리 오랜만에 나타난 거야? 내가 얼마나 기다렸다고."

"죄송해요, 공주님. 그동안 여러 가지 일 때문에 너무 바빴어요. 그런데 소문을 듣자하니 곧 혼인을 하신다고요?"

선화공주의 표정이 시무룩해졌다.

"아바마마의 명령으로 이찬대감의 아들이자 화랑도인 사해랑과 혼인을 하게 되었어."

"절대 안 돼요!"

"!"

서동이 빽 소리치자 공주가 흠칫 놀랐다. 뒤쪽에 서 있던 궁녀들도 눈이 휘둥그레졌다.

"공주님은 저와 혼인할 운명이라고 했잖아요."

"무, 물론 나도 서동의 말을 기억하고 있어. 하지만 공주의 혼인은 혼자서 결정할 수 있는 문제가 아니야. 부왕이신 아바마마의 결정에 따르게 되어 있다고."

"그럼 조금만 시간을 끌어주세요. 제가 어떻게든 전하께 인정받을 방법을 찾아볼게요."

선화공주가 우울한 얼굴로 고개를 흔들었다.

"불가능한 일이야. 이달 말에 사해랑과 혼인식을 올리기로 이미 대신들에게 발표를 해버렸거든."

"이달 말이라고요? 그럼 앞으로 고작 보름밖에……?"

절망적으로 중얼거리는 서동을 향해 선화공주가 억지로 미소 지었다.

"서동도 축하해줄 거지?"

"으음……."

"부탁이야. 축하한다고 말해줘."

"한 가지만 물어볼게요. 공주님도 그 사해랑이란 자와 혼인하고 싶으세요?"

"……!"

선화공주의 눈동자가 심하게 흔들리는 것을 보고 서동은 공주도 이번 혼인을 원하지 않는다는 확신을 얻었다.

"아무리 부왕의 명이라지만 원하지 않는 혼인은 하지 말아야 한다고 생각해요."

"그게 말처럼 쉬운 일이 아니야."

선화공주의 얼굴이 울상으로 변했다. 궁녀들이 서동에게 한 마디씩 쏘아붙였다.

"왜 자꾸 우리 공주님을 충동질하는 거야?"

"사해랑님은 훌륭하신 분이야."

"전하께 고해바치기 전에 썩 꺼지지 못해!"

궁녀 몇은 정말 대전으로 달려가려고 했다. 선화공주가 급히 말했다.

"오늘은 이만 돌아가는 게 좋겠어. 내 혼인식 날 꼭 보러 올 거지?"

"두고 보세요. 공주님은 사해랑이 아니라 저와 혼인하게 될 겁니다."

서동이 한 마디를 남기고 굳은 얼굴로 돌아섰다. 선화공주가 아쉬운 눈빛으로 멀어지는 서동의 뒷모습을 지켜보았다. 물론 공주도 자신과 결혼할 운명이라는 서동의 말을 무조건 믿지는 않았다. 하지만 서동에게는 사람의 마음을 끄는 진실성이 있었다. 사해랑에 대한 반감까지 맞물려 선화공주는 서동에게 마음이 급격히 쏠리는 것을 느꼈다.

주막으로 돌아온 서동은 저녁도 거른 채 좁은 방안에 틀어박혀 머리를 싸매고 있었다.

"공주님의 혼인을 막을 방법을 찾아야만 해."

"아직도 고민 중이야?"

방문이 벌컥 열리며 리사가 밥상을 들고 들어왔다. 리사가 서동 앞에 상을 놓아주며 핀잔을 주었다.

"고민을 하더라도 일단 저녁부터 먹자. 하루 종일 아무것도 안 먹었잖아?"

"밥은 됐으니까 일단 일어나!"

"곧 해가 질 텐데, 어딜 가려고?"

"가기 싫으면 나 혼자 간다."

"야, 같이 가!"

서동과 리사는 한여름으로 접어든 서라벌의 거리를 걸었다. 노을이 유난한 거리를 더위에 지친 사람들이 지나다니고 있었다. 하나둘 호롱불을 밝히는 주막과 다점에서 늙은 술꾼들의 고함소리와 젊은 여인들의 낭랑한 웃음소리가 들려왔다. 나름 괜찮은 풍경이었지만 서동의 눈에는 아무것도 들어오지 않았다. 서동은 오직 한 가지 생각에만 몰두하고 있었다. 딱딱하게 굳어 있는 서동의 옆얼굴을 힐끔거리던 리사가 물었다.

"서동, 우리 저 다점에서 차라도 한 잔 마실까?"

"아니, 됐어."

"그럼 저기 상점에 가서 당나라 물건이라도 구경할까?"

"관심 없어."

리사가 자꾸 말을 걸었지만 서동은 짜증만 부렸다. 이때 한 무리의 어린 거지들이 앞쪽에서 노래를 부르며 걸어왔다.

평소 서동에게 마를 받았던 아이들이 앞다퉈 머리를 숙이며 지나갔다. 리사가 계속 노래를 부르며 멀어지는 거지 아이들의 뒷모습을 돌아보았다.

"저 애들은 뭐가 저렇게 즐거울까?"

리사의 말에도 서동은 아무런 말이 없었다. 대답을 바란 것은 아니었지만 서동이 이렇게 의욕 없어 보이고 자신을 무시하자 리사는 조금 화가 나려고 했다.

한동안 두 사람 사이에는 말이 없었다. 주위는 점점 왁자지껄해지는데 서동과 리사는 아무런 대화없이 그냥 걷기만 했다. 리사는 서동의 뒤를 따르며 불만스러운 표정을 감추지 않았다.

그때 또 다른 한 무리의 아이들이 노래를 부르며 나타났다. 아까 전에 지나간 거지 아이들이 부르던 것과 크게 다르지 않은 노래였다. 노랫말도 쉬워서 리사는 잠깐 들은 것만으로도 따라서 흥얼거릴 수 있었다.

그 모습을 보던 서동이 뭔가를 생각하는 듯 그 자리에 멈춰 섰다.

리사가 고개를 갸웃할 때 서동이 갑자기 손뼉을 마주쳤다.

"앗! 좋은 생각이 떠올랐다!"

"응? 무슨 생각?"

"저 노래를 잘만 이용하면 나와 선화공주님이 혼인할 수 있는 방법을 찾을 수도 있을 것 같아!"

"······?"

리사가 별처럼 눈을 빛내는 서동의 얼굴을 황당한 듯 쳐다보았다.

다음 날 꼭두새벽부터 산에 오른 서동은 어느 때보다 많은 양의 마를 캐냈다. 서동은 이번만은 그것을 주모에게 넘기지 않고 마가 잔뜩 담긴 망태기를 어깨에 짊어진 채 저자거리로 향했다. 그리고 거리에 널린 어린 거지들을 붙잡고 마를 하나씩 나누어 주었다.

"형, 고마워요."

"오빠, 잘 먹을게요."

아이들은 언제나처럼 고맙게 받았다. 서동이 그런 아이들을 붙잡았다.

"애들아, 부탁 한 가지만 들어줄래?"

"무슨 부탁이요?"

"별 거 아니야. 그냥 형이 가르쳐주는 노래를 큰소리로 부르며 돌아다니기만 하면 돼."

"노래요?"

"흠흠! 지금부터 형이 불러볼 테니까 잘 들어보렴."

헛기침을 두어 번 하고 나서 서동이 목청 높여 노래를 불렀다.

선화공주님은 남 몰래 정을 통해 두고
맛둥 도련님을 밤에 몰래 안고 간다.

짧은 노래를 아이들은 금방 따라 불렀다. 음율을 맞추기도 쉬웠던지라 노래는 금방 아이들의 입에 붙었다. 시키지도 않았는데 껑충껑충 뛰어다니며 노래를 반복해서 부르는 아이들을 서동이 흐뭇하게 지켜보았다.

리사가 곁에서 불안한 듯 물었다.

"대체 뭘 하려는 거야?"

"서라벌의 모든 아이들에게 이 노래를 가르쳐줄 거야."

"노래를 가르쳐서 뭘 어쩌려고?"

서동이 리사의 얼굴을 돌아보며 의미심장하게 웃었다.

"그럼 며칠 내로 선화공주님이 서동과 남몰래 만나서 밤마다 그를 안고 간다는 노래가 온 서라벌에 퍼지게 되겠지."

"하지만 그건 사실이 아니잖아."

"물론 사실이 아니고말고. 그렇지만 공주님의 혼인을 막는 데는 효과가 있을걸."

"서동 너어……!"

그제야 리사가 입을 쩍 벌렸다. 서동이 빙글 몸을 돌려세웠다.

"시간 없으니까 빨리 따라와."

리사가 빠르게 걸음을 옮기는 서동을 헐레벌떡 따라붙었다.

"그러지 마. 아무 잘못도 없는 공주에게 피해를 입혀서는 안 돼. 게다가 네가 한 짓이 밝혀지면 큰 벌을 받게 될 거라고."

"원하지도 않는 남자와의 혼인을 막아주는 게 왜 피해를 입히는 거야? 나는 오히려 공주님을 구하는 길이라고 생각해."

그 후 며칠 동안 서동은 서라벌 구석구석을 누비며 아이들에게 서동과 선화공주가 등장하는 서동요를 가르쳐주었다. 노래는 삽시간에 서라벌 전체로 퍼져나갔다. 노래 자체가 쉽고 재미있는 덕분이기도 했지만 거리의 아이들이 오래전부터 서동을 친형처럼 따른 것도 한 이유였다. 결국 서동이 평소 베푼 선행이 그의 목적을 이루어준 셈이었다.

선화공주님은 남 몰래 정을 통해 두고
맛둥 도련님을 밤에 몰래 안고 간다.

민망한 내용의 노래는 아이들에 이어 어른들의 입에도 전해졌으며 곧 왕궁에까지 들어갔다. 노래를 전해들은 대신들은 분노했다. 혼인을 앞두고 있는 공주가 이름조차 낯선 외간 남자와 남몰래 만나고 있다면 큰일이 아닐 수 없었다. 대신들 중에서도 특히 이찬의 분노는 대단했다. 대대로 신라의 공신이자 성골이었던 그는 진평왕과 선화공주가 자신의 가문을 모욕했다고 생각했다. 대전에서 열린 대신회의에서 그가 목소리를 높이는 것은 어쩌면 당연한 일이었다.
"전하, 서동요를 들어보셨습니까?"
"으음……."

서동과 선화공주

용상의 진평왕이 선뜻 대답하지 못하고 신음을 흘렸다. 더욱 화가 치민 이찬이 침을 튀기며 소리쳤다.

"노래의 내용을 들어보면, 선화공주님은 서동이란 녀석과 남몰래 만나고 있었던 것이 분명합니다! 이것은 제 아들과 저희 가문에 대한 모욕이 아닐 수 없습니다! 전하께서 어찌 대대로 신라를 위해 목숨을 바친 저희 가문에 이러실 수가 있단 말입니까?"

아무리 화가 났다 해도 진평왕을 향한 이찬의 항의는 지나치게 무례했다. 다른 대신이 이렇게 무례한 언행을 했다면 신하들이 벌떼처럼 들고일어나 꾸짖었을 것이다. 그러나 이찬은 국왕 못지않은 권력과 병사를 거느린 거물 중의 거물. 대신들도 그를 함부로 비난할 수 없었다.

"이찬은 일단 진정하시오."

씩씩거리는 이찬을 진평왕이 곤혹스런 얼굴로 달랬다.

"짐도 그 서동요라는 것을 들어는 보았소. 하지만 궁 안에서만 살고 있는 공주가 어찌 낯선 남자를 만날 수 있다는 말이오? 이것은 공주를 음해하려는 누군가의 음모가 분명하오."

눈치를 살피던 늙은 대신 몇이 진평왕을 편들고 나섰다.

"지당하신 말씀이옵니다."

"이것은 음모가 분명합니다."

"혼인을 예정대로 진행하소서."

진평왕이 빙그레 웃으며 말했다.

"이찬, 대신들의 말대로 혼인을 추진합시다."

이찬이 그제야 왕을 향해 고개를 살짝 숙였다.

"물론 혼인은 예정대로 진행될 것입니다. 단, 그 전에 한 가지 확인할 일이 있습니다."

"무엇을 확인한다는 말이오?"

"선화공주님을 당장 대전으로 불러주십시오. 공주님께 직접 해명을 듣고 싶습니다."

"으음……."

망설이는 진평왕을 향해 대신들이 재촉했다.

"전하, 이찬의 말대로 하옵소서."

"공주께서 떳떳하다면 망설일 이유가 없사옵니다."

진평왕이 마지못해 고개를 끄덕였다.

"경들의 뜻대로 하겠노라."

7
출궁

"공주마마, 서두르셔야 합니다! 전하의 진노가 하늘에 닿을 지경입니다!"

자신을 부르러온 내관을 따라 선화공주는 치마를 붙들고 대전을 향해 뛰어갔다. 공주도 부왕이 왜 자신을 부르는지 알고 있었다. 요즘 서라벌의 백성들 사이에서 들불처럼 번지고 있는 서동요라는 노래 때문이었다. 선화공주도 그 해괴한 노래를 들은 적이 있었다. 그녀는 물론 밤마다 서동과 그런 부끄러운 짓을 벌인 적이 없었지만 특별히 화를 내지는 않았다. 그 노래를 퍼뜨린 사람이 누구인지 대충 짐작하고 있었기 때문이다.

"두고 보세요. 제가 꼭 이 혼사를 막을 테니까요."

지난 번 궁을 떠나면서 서동은 분명히 그렇게 장담했던 것이다. 하지만 이건 사고를 쳐도 너무 크게 쳐버렸다. 선화공주는 이 상황을 대체 어떻게 넘겨야할지 짐작조차 할 수가 없었다.

"선화공주님!"

자신의 이름을 부르는 소리에 선화공주가 멈춰 섰다. 놀라 돌아서는 선화공주 앞에 서동이 숨을 헐떡이며 서 있었다.

"서동, 네가 어떻게 여길……?"

"저와 잠시만 이야기를 나눌 수 있을까요?"

"으음……."

빨리 오라고 눈짓하는 내관의 눈치를 살피던 선화공주가 서동 앞으로 바싹 다가섰다.

"시간이 없으니 짧게 얘기해다오."

서동이 공주만 들을 수 있도록 속삭였다.

"지금 어디로 가시는 길입니까?"

"아바마마께서 부르셔서 대전으로 가는 중이야."

"대전으로 가면 전하께서 서동요에 대해 물으실 겁니다."

"아마도 그렇겠지."

서동이 눈을 빛내며 목소리를 더욱 낮췄다.

"전하께서 서동요의 내용이 사실이냐고 물으시면…… 그렇다고 대답하십시오."

"뭐, 뭐라고? 그랬다간 나는 궁에서 쫓겨나고 말 거야."

"제가 원하는 게 바로 그거예요. 이 궁을 나가야 공주님께서 사해랑

과 혼인하지 않을 수 있을 테니까요."

"서동 너 정말……?"

혼란스런 눈으로 자신을 바라보는 선화공주를 향해 서동이 애원했다.

"공주님의 정혼자인 사해랑에 대해 알아봤어요. 성격이 포악하고 잔인하기로 유명하더군요. 공주님도 그래서 이번 혼사가 썩 내키지 않으셨던 거 아닙니까?"

"!"

서동이 정곡을 찔렀는지 선화공주의 얼굴이 핼쑥해졌다.

"기회는 한 번뿐이에요. 제발 이번 기회를 놓치지 말아주세요, 공주님."

"……."

선화공주는 여전히 입을 굳게 다물고 있었다. 내관이 더 이상 참지 못하고 재촉했다.

"공주마마, 이제는 가셔야 합니다."

"알겠다."

내관을 따라 돌아서는 선화공주의 뒷등을 향해 서동이 외쳤다.

"공주님, 제발 용기를 내주세요!"

"……!"

대전 안은 숨 막힐 듯한 침묵에 잠겨 있었다. 신하들은 숨소리도 내지 못한 채 용상 앞에 서 있는 선화공주를 주시했다. 진평왕도 뚫어져라 막내딸의 입만 쳐다보고 있었다. 왕은 방금 공주에게 이렇게 물었던 것이다.

"공주, 여러 대신들이 지켜보는 앞에서 확실히 말해다오. 너와 그 서동이란 놈은 아무런 관련도 없는 것이겠지?"

진평왕과 대신들은 공주가 당연히 아니라고 대답할 줄 알았다. 그런데 웬일인지 공주는 고집스럽게 입을 다물고 있었다.

참다못한 이찬이 공주를 향해 고함쳤다.

"공주마마, 침묵하고 계실 때가 아니옵니다! 대 신라국의 공주로서 스스로 결백함을 증명해주시옵소서!"

마침내 선화공주의 입이 열렸다.

"요즘 저자에서 유행하고 있는 서동요에 대해 저도 들었어요. 그 노래의 내용은 모두……."

마지막 순간 공주가 잠시 망설였다. 대신들의 침 삼키는 소리 천둥소리처럼 크게 들렸다. 그러나 공주의 침묵은 오래 가지는 않았다.

"그 노래의 내용은 모두 사실입니다!"

쿠웅!

진평왕과 이찬을 비롯한 모든 대신들이 충격으로 입을 쩍 벌렸다. 눈을 부릅뜨고 선화공주를 내려다보던 진평왕이 떨리는 소리로 물었다.

"공주, 지금 무슨 헛소리를 하는 것이냐? 매일 궁에서만 지내는 네가 어찌 저자에 나가 서동이란 놈을 만나? 어서 사실이 아니라고 말해라. 어서!"

다소 엉뚱한 면이 있지만 눈에 넣어도 아프지 않을 막내딸이었다.

그런 딸이 위기에 처했다고 생각하자 진평왕은 온몸이 떨렸다.

선화공주가 진평왕과 시선을 마주하며 다시 한 번 확인해주었다.

"밤에 몰래 궁을 빠져나갔습니다. 그리고 서동을 만났습니다."

"그만! 그만! 더 이상 듣고 싶지 않다!"

진평왕이 주먹으로 용상의 팔걸이를 내리치며 소리를 질렀다. 이찬이 선화공주를 가리키며 악을 썼다.

"선화공주를 그냥 두시면 아니 되옵니다! 당장 귀양을 보내 왕실의 체통을 세우소서!"

공주에게 동정적이었던 다른 대신들까지 벌떼처럼 들고 일어났다.

"이찬의 말이 지당하옵니다!"

"공주에게 엄벌을 내리셔야 합니다!"

"끄으으……!"

이를 갈아붙이며 선화공주를 노려보던 진평왕이 명령했다.

"지금 당장 선화공주를 먼 섬으로 귀양 보낼 것이다. 공주는 두 번 다시 궁으로 돌아올 수 없다."

순간 선화공주의 입술이 어쩔 수 없이 파르르 떨렸다. 입술을 지그시 깨물고 눈물을 참던 공주가 부왕을 향해 절을 올렸다.

"아바마마, 불효한 선화를 부디 용서하소서. 멀리서나마 아바마마와 어마마마의 만수무강을 빌겠나이다."

"크흑!"

진평왕이 피가 배어나오도록 입술을 깨물었다. 선화공주가 만약 눈물을 흘리며 용서를 빌었다면 왕은 무슨 수를 써서라도 딸을 지켜줄 작정이었다. 그런데 공주가 뒤도 돌아보지 않고 대전을 빠져나가자 왕으로서도 더 이상 어찌할 도리가 없었다.

'미안하구나…… 정말 미안하구나, 딸아…….'

진평왕은 마음속으로 피눈물을 흘리고 있었다.

"이걸 가져가렴."

홀로 궁을 나가는 선화공주의 손에 어머니인 왕비가 비단주머니 하나를 쥐어주었다.

"이게 뭐예요, 어마마마?"

주머니를 열어보던 선화공주는 깜짝 놀랐다. 주머니 안에는 작은 황금 알갱이가 잔뜩 들어 있었다.

왕비가 눈물을 훔치며 공주의 손을 꼭 잡았다.

"낯선 곳에서 밥이라도 굶으면 큰일이지 않니? 이걸로 밥을 사먹고, 옷도 지어 입도록 해라."

"고맙습니다, 어머니."

선화공주가 왕비를 꼭 안아주었다. 어린 딸의 등을 쓰다듬어주는 왕비의 눈에서 눈물이 쉴 새 없이 흘렀다. 약간 떨어진 곳에 서서 하늘을 올려다보던 진평왕의 눈시울도 붉어졌다.

왕비로부터 떨어진 선화공주가 머리를 깊숙이 조아렸다.

"두 분 모두 부디 건강하세요. 다시 뵈올 날을 고대하며 멀리서나마 만수무강을 빌겠습니다."

선화공주가 눈물을 글썽이며 돌아섰다. 옷고름을 꼭 움켜쥐고 딸의 뒷모습을 지켜보던 왕비가 더 이상 참지 못하고 쫓아갔다.

"선화야! 가지 마라, 선화야!"

"이러지 마시오, 왕비! 선화를 살리고 싶으면 보내야만 하오!"

진평왕이 억지로 왕비를 말렸다. 걸음을 멈추고 돌아보는 선화공주의 눈에 서럽게 울부짖는 부왕과 모후의 모습이 들어왔다. 선화공주의 가슴 가득히 후회가 밀려들었다.

'아아…… 내가 대체 무슨 짓을 저질렀단 말인가? 잘 알지도 못하는 서동의 꾐에 빠져 아바마마와 어마마마께 너무 큰 고통을 안겨드리고 말았어. 만약 서동을 다시 만나게 된다 해도 결코 혼인 따윈 하지 않을 거야.'

선화공주가 고개를 떨구고 다시 걸음을 옮겼다. 쓸쓸히 궁을 떠나는 공주를 지켜보며 내관과 궁녀들도 눈물을 훔쳤다. 하늘도 슬픔을 아는지 먹구름이 잔뜩 끼어 있었다.

내관들과 궁녀들 말고도 궁을 떠나는 선화공주를 지켜보는 눈이 있었다. 바로 이찬과 그의 아들 사해랑이었다. 화랑 복장에 허리에 긴 검을 찬 사해랑이 나직이 중얼거렸다.

"공주가 정말 궁을 떠나는군요."

이찬이 코웃음을 쳤다.

"흥! 우리 가문을 무시하고 무사할 줄 알았더냐?"

"공주가 쫓겨났다고 가문의 명예가 회복되는 것은 아닙니다."

"그건 또 무슨 뜻이냐?"

사해랑이 힘주어 말했다.

"그 서동이란 놈을 찾아서 없애야죠. 놈을 살려둔다면 세상 사람들이 이 사해랑을 겁쟁이라고 비웃을 겁니다."

"흐음…… 일리가 있는 말이다만, 그놈이 어디에 있는지 알 수가 없지 않느냐?"

"공주가 궁을 빠져나가면 서동이란 놈이 접근해오지 않겠습니까? 그때를 놓치지 않고 놈을 해치우면 됩니다."

"흐흐! 과연 내 아들답다. 서동이란 놈을 찾아내서 반드시 없애도록 해라."

"걱정 마십시오, 아버님."

사해랑의 눈이 꼭 늑대의 그것처럼 잔인하게 번들거렸다.

선화공주는 괴나리봇짐을 하나 끌어안은 채 서라벌 저자거리를 터벅터벅 걸었다. 한낮임에도 어둑한 하늘에선 가끔씩 천둥소리가 불길하게 으르렁거렸다. 마른 먼지가 풀풀 피어오르는 거리를 행인들이 바삐 뛰어다녔다.

"후우…… 비라도 내리면 큰일인데."

공주가 어깨를 축 늘어뜨리며 걸음을 재촉했다. 이제는 비가 내려도 자신을 돌봐줄 사람이 없는 것이다. 혼자라는 생각에 공주는 울컥

설움이 치밀었다.

"울지 말자. 내가 자초한 일인데 누굴 원망하겠어."

공주가 눈물을 참으려고 입술을 깨무는데 누군가 부르는 소리가 들렸다.

"공주님, 드디어 오셨군요!"

"!"

선화공주가 깜짝 놀라 돌아섰다. 사거리 한복판의 커다란 소나무 아래 서동이 싱글벙글 웃으며 서 있었다.

"서동!"

반색하며 다가가던 선화공주가 우뚝 멈춰 섰다. 공주의 표정이 점차 싸늘하게 변했다. 서동이 리사와 함께 선화공주 앞으로 다가왔다.

"이곳에서 공주님을 애타게 기다리고 있었습니다."

"나를 왜 기다렸는데?"

선화공주의 차가운 목소리에 서동이 살짝 당황했다.

"그야 당연히 공주님과 혼인을 하려고……."

"똑똑히 들어, 서동. 나는 너와 절대 혼인하지 않을 거야."

"예에……?"

"내가 왜 잘 알지도 못하는 너의 말에 넘어가 부모님께 씻을 수 없는 상처를 드렸는지 지금 생각해도 잘 모르겠어. 할 수만 있다면 그 노래는 모두 새빨간 거짓이라고 말하고 싶지만 대신들이 내 말을 믿어주지 않을 테지. 그래서 나는 너를 용서할 수가 없고, 절대로 너와는 혼인하지 않겠다는 거야."

"공주님, 하지만……."

"쉬잇……!"

공주를 설득하려는 서동이 옆구리를 리사가 쿡 찔러 제지했다. 답답한 얼굴로 돌아보는 서동을 향해 리사가 그만하라는 듯 고개를 천천히 흔들었다. 선화공주가 그런 리사를 보며 고개를 갸웃했다.

"이 아이는 누구지?"

"리사라고 제 가장 친한 친구입니다."

리사가 선화공주를 향해 친근하게 미소 지었다.

"안녕하세요, 공주님."

"반가워, 리사."

"저야말로 반갑습니다, 공주님. 그런데 공주님은 서동과 함께 백제로 가지는 않으실 모양이죠?"

"응, 나는 아바마마의 명대로 먼 섬으로 귀양을 떠날 거야."

"그러시군요."

리사가 차라리 잘되었다는 듯 고개를 끄덕였다. 하지만 서동은 리사와는 사뭇 다른 반응을 보였다.

"저와 함께 백제로 가세요, 공주님. 가난하지만 행복하게 해드릴게요."

"너와 혼인 따위 하지 않겠다고 분명히 말했을 텐데."

"아아…… 공주님……."

고집스런 선화공주의 얼굴을 난감한 듯 바라보던 서동이 마지못해 말했다.

"그럼 귀양 가실 섬까지만이라도 모셔다 드리겠습니다. 부디 허락해주십시오."

"으음……."

선화공주도 그 정도는 괜찮을 것 같다고 생각했다. 사실 먼 귀양지까지 혼자 가기가 무섭기도 했던 것이다.

"좋아, 그럼 딱 거기까지만이다."

"예, 공주님."

이렇게 해서 서동과 선화공주, 리사는 간신히 동행하게 되었다. 떠나는 세 사람의 뒷모습을 노려보는 눈들이 있었다. 바로 사해랑과 그의 부하들이었다. 낭도 차림의 사해랑의 부하들은 전통을 메고 검을 차고 있었다. 유독 날카로운 눈매의 낭도가 사해랑에게 물었다.

"지금 쫓아가서 추포할까요?"

잠시 생각하던 사해랑이 고개를 흔들었다.

"서라벌 안에서 공주를 공격하는 것은 위험하다. 차라리 도성 밖으로 나갔을 때 기습하도록 하자."

"알겠습니다."

"명심해라. 저 서동이란 놈은 해치우고, 공주는 생포해야 한다."

사해랑의 눈에서 살기가 뚝뚝 흘렀다.

세 사람은 서라벌 성문을 빠져나왔다. 그리고 서쪽으로 뚫린 관도

를 따라 계속 걸어갔다. 한여름 땡볕 아래서 하루 종일 걸은 공주의 얼굴은 피곤해 보였다.

"공주님, 힘드시죠?"

서동이 걱정스럽게 물었지만 선화공주는 쌀쌀맞게 대꾸했다.

"난 괜찮으니까 걱정하지 마."

"잠시라도 쉬었다 가는 게 나을 것 같습니다."

"……."

"마침 저기 농가가 있군요."

서동이 가리키는 곳에 밥 짓는 연기가 뭉클뭉클 피어오르는 허름한 초가집이 보였다.

"일단 저 농가에 들러 요기부터 하고 가시죠."

"마음대로 해."

세 사람이 농가를 향해 걸음을 옮겼다.

"주인장, 계십니까?"

"누구시오?"

서동이 부르자 안쪽에서 허리가 구부정한 노인이 나왔다. 노인이 나란히 서 있는 서동과 선화공주, 리사를 둘러보며 물었다.

"무슨 일이오?"

서동이 정중하게 말했다.

"지나가는 길손인데 간단하게 요기를 할 수 있을까요?"

"늙은이 혼자 사는 집이라 찬이 별로 없는데……."

"상관없습니다."

"으음……."

잠시 망설이던 노인이 안쪽을 가리켰다.

"정 그렇다면 들어오시오."

"고맙습니다, 어르신."

잠시 후, 세 사람은 주막의 툇마루에 앉아 불룩해진 배를 두드렸다.

"우와~ 진짜 배 터지게 먹었다!"

노인이 내온 산채비빔밥을 깨끗이 비운 직후였다. 노인이 뒷산에서 직접 캐왔다는 산나물로 만든 비빔밥은 투박했지만 맛있었다. 서동이 마당에서 장작을 패고 있는 노인을 향해 다가가 한 번 더 머리를 숙였다.

"잘 먹었습니다, 어르신. 다시 한 번 감사드립니다."

노인이 이마의 땀을 닦으며 빙그레 웃었다.

"젊은 친구가 인사성도 밝구먼. 거친 밥이나마 맛있게 먹었다니 다행이네."

"이거 얼마 안 되지만 받아주십시오."

서동이 전 재산인 동전 몇 닢을 내밀었지만 노인은 손사래부터 쳤다.

"돈을 받을 만한 음식이 아니었으니 그냥 넣어두게."

"그러면 제가 너무 죄송합니다."

"허허! 괜찮다니까 그러는군. 젊은 친구가 정말 고지식하군."

노인이 한사코 돈을 거절하자 서동이 노인의 손에서 도끼를 빼앗았다.

"그럼 장작이라도 패드리겠습니다."

"허어…… 그럴 필요 없다니까."

노인의 만류를 뿌리치고 서동이 기어이 도끼질을 시작했다. 도끼를 휘두를 때마다 통나무를 정확히 쪼개는 서동을 노인이 흐뭇하게 지켜보았다. 선화공주와 리사도 땀을 뻘뻘 흘리며 장작을 패는 서동을 보고 있었다. 리사가 선화공주를 힐끗 보았다.

"다른 건 몰라도 서동이 참 착하긴 하죠?"

"……."

뿌루퉁한 얼굴로 대답하지 않는 공주를 보며 리사는 공주의 심사가 단단히 틀어졌음을 알아차렸다.

'차라리 잘된 일인지도 모르지.'

리사는 언제부터인가 서동과 선화공주를 자신과 선재의 관계처럼 생각하고 있었다. 신분의 차이 때문에 자신과 선재가 이루어질 수 없듯 서동과 선화공주도 결코 맺어질 수 없다는 것이다. 선재에게 조금씩 끌리는 자신에 대한 반감까지 더해져 리사는 서동과 공주도 맺어져서는 안 된다고 확신하게 되었다.

"영감님, 안녕하세요?"

이때 지게에 쌀가마니를 짊어지고 집 앞을 지나가던 청년이 노인에게 인사를 건넸다.

"오, 덕대로구나. 장에 다녀오는 길이냐?"

"예. 그런데 장터에서 아주 난리가 났던데요."

"응, 그게 무슨 말이냐?"

"웬 화랑과 낭도들이 들이닥쳐서 서동이란 아이를 찾는다며 시장을 발칵 뒤집어놓았다니까요. 나라에 대죄를 지은 흉악범이라나 뭐라나."

"……!"

순간 서동, 선화공주, 리사가 찢어져라 눈을 부릅뜨며 서로의 얼굴을 보았다. 청년이 사라지고 노인이 심각한 눈으로 서동을 빤히 쳐다보았다.

"화랑과 낭도들이 찾고 있는 서동이란 아이가 바로 접니다."

순순히 인정하는 서동을 향해 노인이 고개를 끄덕였다.

"그럴 거라고 짐작했지."

"하지만 저는 죄인이 압니다."

"그 역시 알고 있어. 너처럼 예의바른 아이가 흉악범일 리는 없을 테니까. 그래서 이제 어쩔 셈이냐?"

"그게……."

서동이 선화공주와 리사에게 시선을 옮겼다. 공주와 리사가 차례로 입을 열었다.

"누군가 우리를 쫓고 있는 게 분명해."

"일단 도망치자."

노인이 고개를 가로저었다.

"밖은 허허벌판이라 얼마 못 가 붙잡히게 될 게야."

"그럼 어떡하면 좋을까요?"

"나를 따라오너라."

노인이 세 사람을 데리고 부엌으로 들어갔다. 부엌 구석에 쌀을 보관하는 커다란 항아리가 놓여 있었다. 어찌나 큰지 세 사람이 족히 들어갈 수 있을 정도였다. 노인이 항아리의 뚜껑을 열었다.

"일단 이 안에 들어가 숨어 있으렴."

"고맙습니다."

세 사람이 항아리 안으로 들어가자마자 노인이 뚜껑을 닫았다.

"숨소리조차 내면 안 된다. 알았지?"

8
행운의 이유

우투투투투!

캄캄한 항아리 속에 웅크리고 있는 서동, 선화공주, 리사의 귀에 요란한 말발굽소리가 들려왔다. 이어 여러 사람의 어지러운 발자국 소리도 들렸다.

"근처에 농가라곤 서너 채 뿐이다!"

"한 집 한 집 샅샅이 뒤져라!"

"헛간이나 뒷간도 지나치지 마라!"

농가를 뒤지는 소리에 세 사람은 머리털이 곤두섰다. 잠시 후에 누군가 부엌 안으로 들어오는 기척이 느껴졌다. 부엌 구석구석을 살펴보던 누군가가 노인에게 질문을 던졌다.

"영감! 정말 서동이란 놈과 두 계집을 보지 못했나?"

"예, 쇤네는 보지 못했습니다."

"영감은 내가 누구인지 아는가?"

"모, 모르겠는뎁쇼."

"나는 이찬대감의 아들 사해랑이다."

동시에 항아리 안에 숨어 있던 선화공주가 짧은 비명을 토했다.

"사, 사해랑이라고…… 읍!"

리사가 재빨리 입을 틀어막지 않았다면 꼼짝없이 들킬 뻔했다. 리사가 선화공주의 입을 막은 채 바깥의 동정에 귀를 기울였다.

"사해랑님이라면 알고 말굽쇼. 선화공주님과 혼인을 앞두고 있는 신라의 영웅이 아니십니까?"

"그런 내게 거짓말을 하면 어떻게 될지 충분히 짐작할 수 있겠지?"

"……."

노인이 겁을 집어먹은 듯 선뜻 대답하지 못했다. 숨어 있던 세 사람도 덩달아 긴장했다. 노인이 입만 벙긋하면 서라벌에서 가장 잔인하다는 사해랑의 손에 잡혀 사달이 나는 것이다. 짧은 시간이 흐른 후, 노인의 떨리는 목소리가 들려왔다.

"송구하오나 찾으시는 아이와 두 계집아이를 본 적이 없습니다."

"후우우……."

세 사람이 안도의 한숨을 몰아쉴 때 사해랑의 날카로운 목소리가 이어졌다.

"저 항아리는 무엇인가?"

"……!"

이마에 식은땀이 송글송글 맺힌 채 세 사람은 귀를 쫑긋 세웠다.

"고, 곡식을 저장하는 항아리입니다."

"뚜껑을 열어봐라."

"곡식밖에 들어 있지 않는뎁쇼."

"열라면 열 것이지 웬 잔말이 많으냐?"

"아, 알겠습니다."

항아리를 향해 다가오는 노인의 발자국 소리를 들으며 서동과 리사는 정신이 아득해지는 것을 느꼈다. 그야말로 독 안에 갇힌 쥐 꼴이었다. 이제 뚜껑이 열리면 꼼짝없이 사해랑에게 붙잡힐 것이다.

'용신님, 부디 굽어 살피소서.'

리사는 저도 모르게 서동의 집 근처 연못에서 보았던 용에게 기도를 올렸다. 그러자 기적 같은 일이 벌어졌다. 사해랑의 부하로 생각되는 한 남자가 부엌 안으로 뛰어들며 소리쳤던 것이다.

"사해랑님, 추격조가 풀숲으로 도망치는 수상한 녀석들을 발견했습니다!"

"그중에 선화공주도 있다더냐?"

"그것까진 모르겠으나 계집아이 둘과 사내아이 하나였다고 합니다."

"그것들이 틀림없구나! 가자!"

사해랑이 밖으로 달려 나가는 소리를 들으며 서동, 선화공주, 리사는 축 늘어져버렸다. 너무 긴장했던 나머지 온몸이 비를 맞은 것처럼 푹 젖어 있었다.

덜커덩!

뚜껑이 열리며 노인의 얼굴이 나타났다.

"사해랑과 부하들이 떠났으니 너희들도 어서 도망쳐라. 엉뚱한 사람을 쫓아갔다는 사실을 알면 곧 돌아올 거야."

"정말 고맙습니다, 어르신."

"달이 뜬 방향으로 곧장 가면 머지않아 포구가 나온다. 그곳에서 배를 타면 무사히 탈출할 수 있을 게다."

농가를 나서자마자 서동이 선화공주와 리사를 향해 결연한 얼굴로 말했다.

"이대로 도망쳐봤자 말을 탄 놈들에게 곧 잡히고 말 겁니다. 제가 놈들을 따돌릴 테니까, 그 사이에 공주님은 리사와 함께 도망치세요."

"그건 안 돼!"

버럭 고함치는 리사를 향해 서동이 눈을 치켜떴다.

"우리 셋 다 붙잡혀야 속이 시원하겠어?"

"그런 건 아니지만……."

"지금은 공주님을 보호하는 게 최우선이야. 추격자들을 따돌리고 쫓아갈 테니까 어르신이 말씀해주신 포구에서 기다리고 있어."

"서동……."

불안감으로 흔들리는 리사의 눈을 똑바로 보며 서동이 다짐을 받았다.

"정신을 똑바로 차려야 해. 공주님을 지켜줄 수 있는 사람은 리사

너뿐이야."

리사가 마지못해 고개를 끄덕였다.

"대신 최대한 빨리 돌아와야 해."

"걱정하지 말라니까."

사해랑이 떠난 방향으로 달려가는 서동의 뒷모습을 보며 리사가 눈물을 글썽였다.

"서동, 미련곰탱이 같은 녀석……."

선화공주도 표정이 좋지 않았다. 리사가 선화공주의 손을 잡고 달이 뜬 방향으로 냅다 뛰기 시작했다.

"공주님, 뛰어요!"

우투투투투!

"치잇! 그놈들은 공주 일행이 아니었어! 아까 그 농가로 돌아가자! 아무래도 그 항아리가 수상하다!"

사해랑이 낭도들과 함께 이를 갈아붙이며 말을 달려왔다. 막 어둠이 깔리기 시작하는 들판을 질주하던 사해랑의 눈에 저 멀리 도망치는 사내아이의 뒷모습이 보였다. 사내아이의 모습을 유심히 살피던 사해랑이 눈을 치켜떴다.

"저기 서동이 도망치고 있다! 잡아라!"

사해랑과 낭도들이 일제히 서동을 추격했다.

서동이 자신을 쫓아오는 사해랑과 낭도들을 힐끗 돌아보았다. 서동의 입꼬리가 슬쩍 올라갔다.

"잘도 쫓아오는군."

말을 타고 쫓아오는 추격자들을 오래 따돌릴 수는 없을 테지만 서동은 크게 걱정하지 않았다. 리사와 선화공주만 무사히 도망칠 수 있다면 자신은 어떻게 되든 상관없기 때문이다.

"으악!"

다리가 풀린 서동이 균형을 잃고 땅바닥으로 뒹굴었다. 서동은 곧 말을 탄 낭도들에게 포위당하고 말았다.

"헤헤! 조금 더 시간을 끌고 싶었는데."

땅바닥에 주저앉아 천연덕스럽게 웃는 서동의 눈앞으로 시퍼런 칼날이 디밀어졌다. 말에서 내려 칼을 겨누고 있는 사람은 사해랑이었다. 사해랑이 살벌하게 눈을 번뜩이며 물었다.

"선화공주는 어디에 있느냐?"

"정신없이 도망치다가 뿔뿔이 흩어졌기 때문에 나도 몰라요."

"살고 싶으면 빨리 공주의 위치를 말해."

"글쎄, 모른다니까요."

사해랑이 가차 없이 검을 치켜들었다.

"정확히 셋을 세겠다. 그 안에 자백하지 않으면 너는 죽는다."

"……."

"하나…… 두울……."

숫자를 헤아리는 사해랑의 목소리가 저승사자의 속삭임처럼 들렸지만 서동은 이를 악물고 버텼다. 짧은 순간 선화공주의 얼굴이 환영처럼 스치고 지나갔다. 리사의 얼굴도 지나갔다. 죽기 전에 딱 한 명만 볼 수 있다면 과연 누구를 볼 것인지 서동은 그것이 궁금했다.

"셋!"

벼락같은 외침과 함께 칼날이 서동의 머리 위로 떨어졌다. 서동은 포기하고 눈을 질끈 감아버렸다.

"흔적을 찾았습니다!"

이때 농가 쪽으로 달려갔던 낭도 한 명이 말을 타고 돌아왔다. 사해랑의 칼날이 서동의 머리 위에서 아슬아슬하게 멈추었다.

"공주는 어디로 갔느냐?"

"포구 쪽으로 향한 것 같습니다."

"그쪽으로 가자!"

사해랑이 서둘러 말에 올라타고 포구로 향했다. 서동도 한 낭도와 함께 말을 탄 채 끌려갔다.

그 시각, 리사와 선화공주는 포구에서 초조하게 서동을 기다리고 있었다. 포구에는 단 두 척의 나룻배가 묶여 있었다. 두 사람은 그중 하나의 배에 탄 채 눈이 빠지도록 서동이 나타나기를 기다렸다. 리사가 초조한 듯 발을 동동 굴렀다.

"서동은 왜 안 오는 거야? 설마 사해랑에게 당한 건 아니겠지?"

무언가 골똘히 생각하던 선화공주가 배에서 훌쩍 내렸다. 땅바닥에

서 뾰족한 돌을 주운 공주가 다른 배로 옮겨 탔다.

"공주님, 뭐하는 거예요?"

"리사도 이리 와서 나를 도와줘."

쿵! 쿵! 쿵!

돌로 배 바닥을 찍는 공주를 향해 리사가 황당한 얼굴로 다가갔다.

"대체 뭐하려고 그러세요?"

"이 배에 구멍을 뚫을 거야."

"왜요?"

"지금까지 안 나타나는 것으로 보아 서동에게 안 좋을 일이 생겼을 가능성이 많아."

"그것과 이 배에 구멍을 뚫는 게 무슨 상관인데요?"

"이 배에 구멍을 뚫어놓고 우리는 처음의 배를 타고 출발하는 거야. 그런 다음 사해랑이 서동을 앞세우고 나타난다면 어떻게 행동할까?"

"당연히 이 배를 타고 쫓아오겠…… 아앗!"

리사가 말을 맺지 못하고 무언가 깨달은 듯 새된 소리를 질렀다. 선화공주가 리사를 돌아보며 씨익 웃었다.

"그래, 사해랑은 분명 이 배를 타고 쫓아올 거야. 그리고 얼마 못 가서 배와 함께 가라앉게 되겠지."

"하지만 서동도 배에 타고 있다면요?"

"그땐 우리가 구해내면 돼."

"……!"

리사가 충격 어린 눈으로 여전히 돌로 배 바닥을 찍고 있는 선화공주를 보았다.

"왜 그렇게 쳐다봐?"

"솔직히 공주님이 서동을 위해 이렇게 기발한 생각을 해낼 줄은 몰랐어요. 공주님은 여전히 서동을 미워하는 줄 알았거든요."

"으음……."

잠시 생각하던 선화공주가 대답했다.

"리사의 말대로 어쨌든 서동은 착한 녀석이니까."

"그럼 마음이 완전히 풀린 건가요?"

"아니, 여전히 서동과 혼인할 생각은 없어."

"그렇군요."

파아악!

"드디어 됐다!"

이때 배에 작은 구멍이 뚫리며 조금씩 물이 스며들기 시작했다. 선화공주와 리사는 원래의 배로 돌아갔다. 그리고 힘을 합쳐 노를 저어 배를 움직였다. 두 사람의 배가 막 포구를 출발했을 때, 말발굽소리가 요란하게 들려왔다.

투두두두두!

흙먼지를 일으키며 포구를 향해 달려오는 것은 사해랑과 낭도들이었다. 두 손이 뒤로 묶인 채 한 낭도의 앞에 타고 있는 서동을 가리키며 리사가 외쳤다.

"저기 서동도 있어요! 역시 사해랑에게 잡혔구나!"
"더 빨리 노를 저어, 리사!"
"어영차!"

"치잇! 공주가 벌써 출발해버렸군!"
포구에 도착한 사해랑이 말에서 뛰어내리며 이를 갈아붙였다. 사해랑이 포구에 남아 있는 배에 올라타며 외쳤다.
"서동이란 놈도 태워라. 공주를 쫓아간다."
사해랑과 낭도들이 배를 빠르게 출발시켰다. 서동은 손이 묶인 채 배 바닥에 무릎이 꿇려졌다. 사해랑이 뱃전에 서서 앞서 가는 선화공주의 배를 가리키며 고래고래 악을 썼다.
"빨리! 더 빨리 노를 저어라! 공주를 놓쳐서는 안 된다!"
"어영차! 어영차!"
힘센 낭도 여럿이 힘을 합쳐 노를 젓자 머지않아 공주의 배와 가까워졌다.
"으으…… 이러다가 잡히고 말겠어."
애간장을 태우던 서동이 움찔했다. 무릎이 축축해진 것을 느꼈기 때문이다. 고개를 숙인 서동의 눈에 흥건히 젖어 있는 배 바닥이 보였다. 바닥에 뚫린 작은 구멍에서 물이 스며들고 있었던 것이다. 서동의 입가에 희미한 미소가 스쳤다.
'어쩌면 이게 기회가 될지도 모르겠군.'

처억!

이때 사해랑이 서동의 목에 칼날에 들이대며 리사와 함께 사력을 다해 노를 젓고 있는 선화공주를 향해 고함쳤다.

"공주, 지금 당장 배를 멈추시오! 안 그러면 이 서동이란 놈을 해치워버리겠소!"

선화공주와 리사의 안색이 핼쑥해졌다.

"이, 이런……!"

"어떡하면 좋지……?"

서동이 당황하는 두 사람에게 소리를 질렀다.

"절대로 배를 멈춰서는 안 돼! 나는 괜찮으니까 최대한 멀리 달아나!"

"내가 농담을 하는 줄 아는 모양이구나!"

사해랑이 검을 확 쳐드는 순간 선화공주가 절박하게 외쳤다.

"배를 멈출 테니 그만둬요, 사해랑!"

"흐흐……! 진작 그럴 것이지."

칼을 멈추고 득의양양하게 웃는 사해랑의 얼굴을 쏘아보던 서동이 박차고 일어나 강물로 몸을 던졌다.

풍덩!

"저, 저런 미친놈! 묶인 상태에서 강물로 뛰어들다니!"

리사가 노질을 멈추고 발을 동동 굴렀다.

"으아아! 서동을 어떡하면 좋아요?"

"내가 구할게!"

선화공주가 지체 없이 강물을 향해 뛰어들었다. 선화공주가 물속으로 들어가는 것을 보고 사해랑이 리사 혼자 남아 있는 배를 가리키며 명령했다.

"일단 저 배를 차지해라. 그런 다음 공주를 잡으면 된다."

하지만 사해랑은 목적을 이룰 수가 없었다. 갑자기 배가 기우뚱거렸기 때문이다.

"갑자기 배가 왜 이러느냐?"

"물이 새고 있습니다!"

"이러다 침몰할 것 같습니다!"

배와 함께 물속으로 가라앉으며 사해랑이 절망적으로 악을 썼다.

"끄아아! 나는 수영을 못 한단 말이다, 이놈들아!"

허우적거리는 사해랑을 구하느라 낭도들은 서동이나 선화공주에게 신경 쓸 겨를이 없었다. 리사는 두 손을 맞잡은 채 간절한 눈으로 서동과 선화공주가 연이어 사라진 수면을 뚫어져라 응시했다.

"제발 두 사람 다 무사히 돌아오기를……."

뿌그르르!

선화공주는 거품을 피워올리며 어두운 수면을 향해 빠르게 잠수했다. 한참을 두리번거리던 공주의 눈에 저 아래쪽에서 두 손이 묶인 채 가라앉는 서동의 모습이 보였다. 공주가 서동을 향해 똑바로 헤엄쳐갔다.

"아……!"

의식을 잃고 눈을 질끈 감은 서동의 얼굴을 들여다보는 선화공주의 입에서 안타까운 신음이 새어나왔다. 백짓장처럼 창백한 서동의 얼굴은 그의 생명이 오래지 않아 꺼질 것임을 암시하고 있었다. 이 볼품없는 소년의 어디에서 손이 묶인 채 강물로 뛰어들 수 있는 용기가 나오는 것인지 선화공주는 알 수가 없었다. 하지만 그가 자신을 위해 기꺼이 목숨을 내던졌다는 데 생각이 미치자, 어느새 원망이 사라지고 그에 대한 믿음이 가슴을 채우는 것이 느껴졌다.

'이제와 생각해보니 나는 서동 너에게 속은 게 아니었어. 지금처럼 나를 위해 무슨 일이든 해줄 수 있는 너의 진심에 마음이 끌린 거였어.'

선화공주가 두 손으로 서동의 차가운 뺨을 감싸며 얼굴을 끌어당겼다. 그리고 서동의 입술에 입을 맞추며 마지막 남아 있는 숨을 불어넣어주었다.

"……!"

순간 서동이 눈을 번쩍 떴다. 잠시 혼란스런 듯 선화공주의 얼굴을 들여다보던 서동이 빙그레 미소를 지었다. 선화공주도 입가에 미소를 떠올렸다. 서로를 향해 그렇게 따뜻한 미소를 지으며 두 사람은 수면 위로 천천히 떠올랐다.

"푸하아!"

잠시 후, 수면 밖으로 얼굴을 내미는 선화공주와 서동을 향해 리사가 노를 내밀며 환호했다.

서동과 선화공주

"두 사람 다 무사했군요! 이걸 잡고 배 위로 올라와요!"

리사의 도움을 받으며 서동과 선화공주가 배 위로 올라왔다.

"서동, 무사했구나!"

차디찬 서동의 얼굴을 붙잡으며 리사가 반갑게 소리쳤다. 하지만 서동은 리사에게 화답하지 못했다. 곧 눈을 까뒤집으며 기절해버렸기 때문이다. 리사와 선화공주가 쓰러지는 서동을 동시에 끌어안았다.

"서동, 왜 이래?"

"정신 차려, 서동!"

강 건너편에 도착한 선화공주와 리사는 축 늘어진 서동을 양쪽에서 부축한 채 정신없이 달렸다. 서동의 체온이 점점 떨어지는 것을 느끼며 공주와 리사는 가슴이 아렸다. 한참만에야 공주와 리사는 작은 마을을 발견하고 들어갔다. 그곳에서 늙은 의원을 찾아간 두 사람이 눈물을 펑펑 쏟으며 매달렸다.

"의원님, 제발 살려 주세요!"

"절대로 죽어서는 안 되는 아이예요!"

의원이 얼음장처럼 차가운 서동의 몸 구석구석을 꼼꼼히 살피더니 옷자락을 풀어헤치고 가슴에 침을 놓았다.

"오늘 밤이 고비가 되겠구나. 죽고 사는 문제는 하늘의 뜻에 달렸다."

"으허엉!"

"조용히 해라. 너희들 때문에 도무지 집중할 수가 없구나."

의원의 치료는 밤새 계속되었다. 선화공주와 리사는 훌쩍이면서 최선을 다해 도왔다. 새벽이 뿌옇게 밝아올 때쯤 의원의 치료도 끝나고, 탈진한 공주와 리사는 서동의 침상에 얼굴을 기대고 잠이 들었다.

"으응……."

서동이 천천히 눈을 떴다. 몽롱한 눈으로 선화공주와 리사를 바라보던 서동의 입가에 희미한 미소가 피어올랐다.

"두 사람 다 무사해서 정말 다행이야."

서동이 고개를 돌려 밝아오는 창문을 보았다. 아침 햇살을 받아 환해지는 서동의 얼굴에 뿌듯한 표정이 떠올랐다. 서동은 온힘을 다해 사랑하는 사람들을 지켜낸 것이다.

잠시 후, 잠에서 깬 선화공주와 리사가 서동을 얼싸안고 한바탕 소동을 벌였다. 의원의 집에서 아침까지 얻어먹은 세 사람은 즉시 떠날 준비를 마쳤다. 서동이 선화공주를 향해 조심스럽게 물었다.

"공주님, 귀양지가 아니라 백제로 가는 게 어떨까요?"

"으음……."

한참동안 고민하던 선화공주가 천천히 고개를 끄덕였다.

"좋아, 일단은 백제로 가겠어. 하지만 너와 혼인하겠다는 뜻은 아니야."

"명심하겠습니다, 공주님."

며칠을 쉬지 않고 걸은 후에야 세 사람은 무사히 백제 땅으로 들어갈 수 있었다. 그리고 이틀을 더 걸어 드디어 사비성 변두리에 위치

한 서동의 집에 도착했다.

서동의 엄마는 아침부터 따가운 햇살을 받으며 초가집 근처 텃밭을 갈고 있었다. 땀이 뚝뚝 흘렀지만 엄마는 호미질을 멈추지 않았다. 여름내 가뭄으로 농작물이 많이 말라죽어 백성들도 큰 고통을 겪고 있었다. 새로 작물을 심는다고 해도 잘 자라지 않을 가능성이 높았지만 그래도 엄마는 잠시도 쉬지 않고 일에 매달렸다. 무언가 몰두할 일이 필요했다.

아들이 신라로 떠난 지도 어느새 두 달이 지났다. 여름의 시작과 함께 떠난 아들은 여름이 끝나가는 지금까지 돌아오지 않았다.

"무사하겠지. 리사가 함께 갔으니 분명 무사히 돌아올 거야."

엄마는 이상하게도 리사가 믿음직스러웠다. 만약 서동에게 어떤 위기가 닥친다면 리사가 구해줄 것만 같았다.

"우리 장이를 도와주라고 하늘이 보내주신 아이가 분명해."

엄마의 믿음이 틀리지 않았던 것일까? 다시 호미를 쳐드는 순간, 아들의 목소리가 들려왔다.

"어머니, 저 왔습니다!"

"아들아!"

호미를 집어던지고 일어서는 엄마의 눈에 웬 낯선 아가씨와 함께 달려오는 서동과 리사의 모습이 보였다. 엄마도 눈물을 뿌리며 달려갔다.

"돌아왔구나!"

엄마가 두 팔을 크게 벌려 두 아이를 힘껏 끌어안았다.

"어머니, 건강하셨죠?"

"너무 늦게 돌아와서 죄송해요."

"아니다, 아니야. 무사히 돌아와준 것만으로도 고맙구나. 그런데 저 아이는 누구니?"

엄마가 한참만에야 아이들에게서 떨어지며 선화공주를 쳐다보았다. 리사가 선화공주를 가리키며 싱긋 웃었다.

"인사하세요, 어머니. 신라의 선화공주님이세요."

"뭐, 뭐라고……?!"

엄마가 찢어져라 눈을 부릅뜨고 선화공주를 보았다. 그러고 보니 공주의 얼굴에선 기품 같은 게 흐르는 것 같았다. 엄마가 선화공주를 향해 천천히 다가갔다. 그리고 떨리는 손을 뻗어 공주의 손을 잡았다.

"설마 진짜로 공주님을 모셔올 줄이야……."

선화공주가 수줍게 미소 지으며 고개를 까닥였다.

"선화라고 합니다."

"말씀을 낮추십시오, 공주님."

"아닙니다. 어른한텐 당연히 말을 높여야죠."

엄마가 기대 어린 눈으로 서동을 돌아보았다.

"그럼 혹시 두 사람이 혼인을 하기로……."

서동이 급히 손사래를 쳤다.

"아직 아니에요. 공주님은 생각할 시간이 좀 필요하다고 하세요."

"그렇구나."

엄마가 아쉬운 듯 쳐다보자 선화공주는 고개를 푹 떨구었다. 엄마가 애써 미소 지으며 흙투성이로 변한 선화공주의 옷차림을 살폈다.

"일단 우리 공주님 옷부터 한 벌 지어드려야겠구나."

서동이 비슷한 차림의 리사를 가리키며 빙긋 웃었다.

"리사도 한 벌 지어줘야 할 것 같아요."

"당연히 그래야지."

엄마의 표정이 순간적으로 어두워졌다.

"하지만 가뭄 때문에 농사를 망쳐 집에 돈이 한 푼도 없구나. 아무래도 옷은 나중에 지어야겠다."

"돈이라면 걱정하지 마세요."

선화공주가 품속에서 비단주머니를 꺼냈다. 궁을 떠나기 전에 왕비가 전해준 그 주머니였다. 주머니를 열자 번쩍번쩍 빛나는 돌멩이들이 나왔다. 주머니 안의 돌멩이를 들여다보며 서동과 엄마가 고개를 갸웃거렸다.

"이 돌멩이는 뭐지?"

"이걸로 옷을 지을 수 있다는 겁니까?"

선화공주보다 리사가 먼저 황당한 표정을 지었다.

"설마 황금을 처음 보는 거예요? 이 정도 황금이면 번듯한 기와집도 살 수 있다고요."

"이게 그렇게 귀한 돌이라고? 하지만 내가 마를 캐는 산에 올라가면 이런 돌은 얼마든지 널려 있는걸."

서동의 심드렁한 대꾸에 선화공주가 휙 돌아보았다.

"그게 정말이야?"

"예!"

"그럼 빨리 가보자!"

"지금이요?"

"그래, 지금 당장!"

선화공주는 당장 서동을 앞세우고 산으로 올라갔다. 리사와 엄마도 따라나섰다.

"헉헉…… 아직 멀었니?"

"이제 조금만 더 가면 됩니다."

깊은 숲을 헤치고 한참을 올라가자 탁 트인 분지가 나타났다. 곳곳에 마가 자라고 있는 천연의 마밭이었다. 서동이 마밭 한복판에 서서 자랑스러운 듯 양팔을 벌렸다.

"여기가 바로 내가 마를 캐는 곳이야."

선화공주가 주위를 둘러보며 물었다.

"황금이 어디에 있다는 거야?"

"꿍차!"

서동이 대답 대신 힘을 주어 마 한 뿌리를 뽑아냈다. 순간 마가 빠져나온 흙 속에서 무언가 반짝 빛났다. 리사가 무릎을 꿇은 채 손으로 흙을 긁어냈다.

"맙소사……!"

흙 속에서 커다란 황금덩이가 드러나자 선화공주와 리사의 입에서 절로 감탄사가 새어나왔다. 마밭 전체가 거대한 금광이었던 것이다. 서동이 선화공주의 옆으로 다가와 물었다.

"이 돌이 정말 그렇게 귀한 겁니까?"

"당연하지. 서동 너는 백제 제일의 부자가 될 거야."

엄마가 선화공주의 손을 잡으며 들뜬 목소리로 외쳤다.

"잘됐구나. 이제 공주님을 호강시켜드릴 수 있겠다!"

"으음……."

잠시 골똘히 생각하던 서동이 고개를 가로저었다.

"만약 돈이 생긴다 해도 우리끼리 쓰면 안 될 거 같아요."

리사가 황당한 표정을 지었다.

"황금이 이렇게 많은데 대체 왜? 돈을 쌓아두고 썩힐 생각이야?"

서동이 진지한 눈빛으로 선화공주를 바라보았다.

"공주님도 이곳으로 오다가 보셨겠지만 지금 백제 땅에는 가뭄이 들어 백성들이 큰 고통을 겪고 있습니다. 이럴 때 우리끼리만 호사스럽게 살게 되면 주위 사람들에게 분명 큰 상처를 주게 될 거예요. 차라리 그 돈으로 굶주린 백성들을 돕는 게 훨씬 보람 있지 않을까요?"

"그래, 장이의 생각이 옳은 것 같구나."

엄마도 흐뭇한 표정으로 고개를 끄덕였다.

"……."

선화공주가 한동안 물끄러미 서동의 얼굴을 바라보았다. 공주는 말로 표현할 수 없을 정도로 충격을 받았다. 선화공주는 궁에서만 살아왔지만 황금을 대하는 사람들의 태도에 대해서는 익히 알고 있었다. 아바마마와 어마마마는 기회가 있을 때마다 이렇게 충고하곤 했던 것이다.

"가난한 백성일수록 탐욕스럽기 마련이란다. 그들은 작은 금붙이 하나 때문에 태연히 사람을 해치기도 하지. 그러니까 선화 너도 늘 그런 자들을 멀리해야 한다."

서동은 선화공주가 들어왔던 이야기 속의 사람들과는 달라도 너무 달랐다. 그는 가난하게 자랐지만 욕심이 없었고, 자신보다는 늘 남을 먼저 배려했다. 손이 묶인 상태에서도 다른 사람을 구하기 위해 선뜻 깊은 강물 속으로 뛰어들었고 황금밭을 발견하고도 욕심을 부리지 않았다. 그리고 그의 어머니는 그런 아들을 오히려 자랑스럽게 생각했다. 세상천지에 이렇게 근사한 신랑감이 또 어디 있을 수 있단 말인가.

선화공주는 서동에 대한 섭섭함이 완전히 사라지는 것을 느꼈다. 거짓 노래를 만들어 자신이 궁에서 쫓겨나게 만들었지만 서동의 말처럼 그것은 어쩌면 운명이었을지도 모른다.

"공주님 왜 그러세요?"

고개를 갸웃하는 서동의 손을 선화가 살며시 잡았다. 공주가 수줍은 미소를 지으며 속삭였다.

"백성들을 위해 황금을 쓰는 건 좋지만 우리의 혼례식을 위한 돈은 남겨두도록 하렴."

"예에……?"

서동의 눈이 휘둥그레졌다. 리사와 엄마도 환하게 웃으며 서로의 얼굴을 보았다. 두 손을 맞잡은 채 애정 가득한 눈빛을 주고받는 서동과 선화를 지켜보며 리사도 더 이상 두 사람이 맺어지는 것을 반대하지 않기로 마음먹었다. 애써 부정하고 있었지만 리사도 자신의 마음이 때때로 선재에게 쏠리고 있음을 인정하지 않을 수 없었다. 선재도 서동처럼 바보스러울 정도로 우직했지만 그렇기에 좋아하는 사람을 위해 기꺼이 개천으로 뛰어들 수 있고, 가난한 사람들을 위해 황금을 포기할 수도 있는 것이다.

'그래, 바로 서동과 비슷한 면 때문에 이선재란 녀석에게 호감을 느끼게 된 것인지도…….'

9
세상에서 가장 아름다운 혼인식

다음 날 아침, 초가집의 마당 한복판에 소박한 혼례상이 차려졌다. 혼례상 위에는 어렵게 구한 닭 한 마리와 대추 몇 알만 놓여 있었다. 한 나라 공주의 혼례식이라고 하기엔 너무도 초라했지만 상을 가운데 두고 마주선 서동과 선화공주는 무엇이 그리 좋은지 싱글벙글이었다. 엄마는 약간 떨어진 곳에 서서 연신 눈물을 훔치고 있었다.

얼결에 혼례의 주례를 맡게 된 리사가 서동과 공주의 얼굴을 번갈아 보다가 팔을 번쩍 쳐들었다.

"신랑 신부 맞절!"

서동과 선화공주가 수줍어하며 서로를 향해 허리를 숙였다. 두 사람을 지켜보며 리사는 비록 소박하지만 이것이야말로 세상에서 가장 아름다운 혼례식이라고 생각했다. 그리고 서동에게 찾아온 과분한

행운에 대해서도 생각해보았다. 서동에게 행운이 이어지는 것은 아마도 자신보다는 남을 먼저 배려하는 그의 미련함 때문은 아닐까? 당장은 바보스러워 보일지라도 결국 그런 미련함이 주위 사람들로 하여금 기꺼이 서동을 돕도록 만들었다. 그리고 그런 도움들이 모여 마를 캐는 소년이 공주를 아내로 맞이하는 기적을 이뤄낸 것이리라.

리사는 어쩔 수 없이 선재의 모습도 떠올렸다. 신라의 공주와 혼인한 서동처럼 선재도 언젠가는 리사 자신의 남친이 될 수 있지 않을까?

"쳇, 그래봤자 바보 같은 녀석일 뿐이지!"

왠지 코끝이 찡해지는 것을 느끼며 리사가 손가락으로 눈가를 훔쳤다.

후우웅-

순간 리사의 몸에서 눈부신 빛이 일렁이기 시작했다. 맞절을 하던 서동과 선화공주가 눈을 동그랗게 뜨고 온몸에서 점점 강렬한 빛을 발하는 리사를 돌아보았다.

"리, 리사 네 몸에서 빛이 나고 있어!"

"대체 무슨 일이 벌어지고 있는 거지?"

떠날 시간이 되었음을 알아차린 리사가 두 사람을 향해 빙그레 미소 지었다.

"아무래도 나는 이제 떠나야 할 것 같아. 나는 비록 가지만 서동과 공주님은 영원히 행복하게 살게 될 거야. 부디 두 사람 모두 지금처럼 착한 마음씨를 잊지 말고 서로를 아끼며 살아가길 바랄게."

"리사, 가지 마!"

서동이 리사를 향해 손을 뻗으며 눈물을 터뜨렸다. 리사도 눈앞이 뿌예지는 것을 느끼며 서동을 보았다. 리사의 흐려진 시야에서 서동의 모습이 조금씩 희미해져 갔다. 순간 리사는 저 멀리 연못을 박차고 날아오르는 용의 꼬리를 본 것도 같았다.

'안녕. 용신의 아들 서동, 멍청이 이선재를 빼닮은 나의 삼국시대의 친구여…….'

세상 전체가 환하게 밝아지는가 싶더니, 백제 사비성 근처의 초가집 앞마당에서 리사의 모습이 완전히 사라졌다.

"리사, 조심해!"

"으앗!"

다리 난간 아래로 몸이 기울어지는 리사를 뒤쪽에서 찬영이 붙잡았다. 상반신을 완전히 다리 아래쪽으로 향한 리사의 눈에 물보라를 일으키며 개천에 빠지는 선재의 모습이 들어왔다.

첨벙-!

"꺄악!"

"사람이 빠졌다!"

사방에서 비명이 들려왔다. 리사가 선재가 크게 다쳤을 것이라고 생각했다. 개천은 어른 무릎 깊이 정도 밖에 되지 않았지만 다리 위에서 뛰어내린 거니 틀림없이 다리가 부러졌거나 최소한 발목을 다쳤을 것이다.

"내가 잡았다!"

리사의 예상은 보기 좋게 빗나갔다. 선재가 물에 젖은 몸을 일으키며 리사의 모자를 번쩍 들어 올렸던 것이다. 하얀 모자를 들고 좋아라 껑충껑충 뛰는 선재를 리사와 찬영이 멍하니 내려다보았다.

"저 녀석, 머리가 어떻게 된 거 아니야?"

황당한 듯 중얼거리는 찬영의 손을 뿌리치고 리사가 서둘러 아래로 내려갔다. 마침 선재도 개천에서 나오고 있었다. 선재가 자신을 향해 씩씩대며 다가오는 리사에게 모자를 내밀었다.

"리사, 여기 네 모자……."

철썩!

말을 채 마치기도 전에 리사가 선재의 뺨을 후려쳤다. 뒤따라 달려오던 찬영은 물론 주위 사람들 모두 입을 쩍 벌린 채 두 사람을 보았다. 리사가 선재의 손에서 모자를 낚아채며 쏘아붙였다.

"너처럼 쓸데없이 남자다운 척하는 녀석은 딱 질색이야! 앞으로 다시는 친한 척하지 마!"

"……."

아무 대거리도 못 하는 선재를 뒤로하고 리사가 휙 돌아섰다. 찬바람을 일으키며 걸어가는 리사를 찬영이 헐레벌떡 쫓아갔다.

"리사야, 같이 가!"

선재가 입술을 질끈 깨문 채 멀어지는 리사의 뒷모습을 바라보았다.

옛날 이야기 속 서동

역사 속에서 서동에 관한 이야기는 두 가지 설로 찾을 수 있다. 하나는 "삼국유사"에 등장하는 서동이고 또 다른 하나는 "삼국사기"에 등장하는 서동이다. "삼국유사"와 "삼국사기" 모두 우리나라에서 가장 오래되고 중요한 고전 문헌으로 삼국 시대의 역사를 다룬다는 점이 공통점이지만 다른 점도 있다. "삼국사기"는 고려의 김부식이 저술한 책으로, 국가에서 공식적으로 만든 역사책이라고 할 수 있다. 유교사상 아래 쓰인 "삼국사기"에는 주로 고구려·백제·신라의 정치·전쟁·외교·천재지변 등 실제로 있었던 일에 대해 기록되어 있다. 반면 "삼국유사"는 승려 일연이 개인적으로 저술한 책으로 "삼국사기"에서 다루지 않은 일에 대해서도 기록되어 있다. 단군신화는 물론 불교에 관한 이야기도 많고 고구려·백제·신라의 풍속·신앙·노래·설화·생활상이나 사람들 사이에 입으로 전해지는 이야기 등도 기록되어 있다.

"삼국유사"에 의하면 서동은 백제 제30대 왕 무왕이 되었다고 한다. 그리고 "삼국사기"에는 무왕에 관한 또 다른 이야기가 기록되어 있다. 이렇게 되면 의문이 하나 생기는 것은 당연한 일이다. "삼국유사"의 서동과 "삼국사기"의 무왕은 같은 인물인가?

1. 삼국유사 속 서동

백제 30대 무왕의 원래 이름은 장이다. 그는 아버지 없이 홀어머니 밑에서 자랐는데, 전해지는 말에 따르면 그의 어머니가 연못가에 있는 용과 관계를 맺어 장을 낳았다고 한다. 어릴 때부터 그는 마를 캐다 팔아서 살림을 도왔는데, 그래서 모두들 그를 마 캐는 아이, 즉 서동이라고 불렀다고 한다. 서동은 홀어머니와 함께 힘들게 살았지만 머리가 좋았고 선량해서 사람들의 칭송이 자자했다. 이즈음 서동은 자신의 운명을 바꿀 소문 한 가지를 듣게 된다. 신라 진평왕의 셋째 딸인 선화공주가 굉장한 미인에 마음씨도 곱다는 소문이었다. 한 번도 본 적이 없는 선화공주에게 연정을 품게 된 서동은 무작정 서라벌로 떠났다. 신라의 왕궁으로 들어가 먼발치에서 선화공주를 바라보니, 과연 첫눈에 반할 만큼 아름다웠다. 그녀에게 푹 빠진 서동은 선화공주를 아내로 삼겠다고 결심하고 방법을 찾기 위해 고민했다.

하지만 국적도 다르고, 신분도 다른데다 수중에 가진 돈도 없으니 그야말로 첩첩산중이었다. 하지만 서동은 포기하지 않고, 한 가지 꾀를 생각해냈다. 서동은 서라벌의 아이들에게 자신이 가져온 마를 나눠주며, 자신이 직접 지은 동요를 가르쳐주고 따라 따라 부르게 했다. '선화공주님은 남 몰래 시집가서 서동을 밤에 몰래 안고 간다!'라는 내용의 이 동요는 순식간에 서라벌 전체로 퍼져나갔고, 마침내 진평왕의 귀에까지 들어갔다. 격노한 진평왕은 선화공주를 멀리 귀양 보내고 말았다. 이렇게 억울한 누명을 쓰고 귀양길에 나선 선화공주가 유배지로 향하고 있었을 때, 갑자기 한 사내가 나타나 공주님을 모시고 가겠다면서 말고삐를 잡았다. 그가 바로 서동이었다. 선화공주는 서동이 자신을 모함한 주인공이란 사실을 까맣게 모른 채 동행하기로 한다.

선화공주는 서동과 함께 먼 길을 떠나면서 이야기를 나누다보니 어느새 그의 고운 마음에 반해 연정을 품게 되었다. 둘은 마침내 사랑을 확인하고 장래를 약속하기에 이른다. 서동은 자신이 서동요를 지어 부른 사람이라고 밝히고, 선화공주는 정말로 노래의 내용이 맞았다면서 기뻐한다. 서동은 그렇게 선화공주를 데리고 백제로 돌아왔다. 공주는 가난한 서동의 살림을 보고는 어머니가 몰래 싸준 황금을 서동 앞에 내놓았다. 그제야 이것이 황금인 줄 알게 된 서동은 자기가 마를 캐는 산에 황금이 널렸다고 하면서 황금을 캐기 시작했다.

서동이 캐낸 황금은 산더미처럼 많았는데, 두 사람은 이것을 선화공주의 아버지인 진평왕에게 보내기로 했다. 하지만 너무나 무겁고 많은 황금을 몰래 보내기는 어려운 일인지라 두 사람은 신통력 있다고 소문난 지명법사를 찾아갔다. 공주는 황금과 함께 부모님에게 쓴 편지를 법사에게 맡겼고, 법사는 이것을 신통력을 이용해 신라의 왕궁으로 보냈다. 이것을 받은 진평왕은 몹시 놀랐며 서동의 지혜와 도량에 감탄했다. 진평왕은 두 사람의 혼인을 인정함을 물론이고, 항상 안부를 물으면서 가까이 지냈다. 이 일은 순식간에 나라 안팎으로 전해졌고, 서동은 사람들의 인심을 얻어 백제의 왕위에까지 올랐으니, 그가 바로 백제 30대왕 무왕이었다.

서동요

善化公主主隱 他密只嫁良置古　　선화공주님은 남 몰래 사귀어
薯童房乙 夜矣卯乙抱遺去如　　맛둥[薯童]도련님을 밤에 몰래 안고 간다

우리 역사와 문학사에서 서동의 이야기는 빼놓을 수 없는 부분이다. 서동 설화는 주몽 신화처럼 왕이 된 영웅의 이야기이면서 온달 설화처럼 평민이었지만 공주와 결혼할 수 있게 된 영웅의 이야기이기도 하다. 서동 설화에서 가장 중요한 부분은 바로 '서동요'인데 '서동요'는 현전하는 가장 오래된 향가로서 문학사에서 차지하는 비중도 크다.

2. 삼국사기 속 무왕

성은 부여(夫餘), 이름[諱]은 장(璋). 시호는 무왕. 삼국유사에는 무강왕,

헌병왕이라고도 불렸다고 기록되어 있다. 삼국사기를 비롯한 대부분의 사서들에는 29대 법왕(法王, 재위 599~600)의 아들이라고 나타나 있지만, 중국 남북조시대 북조의 역사를 기록한 북사(北史)에는 27대 위덕왕(威德王, 재위 554~598)의 아들이라고 기록되어 있기도 하다. 하지만 이것은 위덕왕과 무왕 사이에 있었던 28대 혜왕(惠王, 재위 598~599)과 29대 법왕의 재위기간이 합해도 3년이 되지 않을 정도로 짧았기 때문에 나타난 표현으로 보인다.

삼국사기에는 무왕이 풍채가 뛰어나고 뜻과 기상이 호방하고 걸출했다고 기록되어 있다. 그는 법왕이 죽은 직후에 왕위를 계승했는데, 재위 기간 동안 신라에 빼앗긴 영토를 되찾기 위해 부단히 노력했다. 그래서 신라와는 계속해서 갈등 관계에 있었는데, 삼국사기에 기록된 것만으로도 602년(무왕 3) 신라의 모산성을 포위해서 공격한 것을 시작으로 636년(무왕 37) 독산성 전투까지 10여 차례 이상 군대를 일으켜 신라를 침공하였다. 특히 623년(무왕 24) 이후에는 거의 매년 신라와 전투가 벌어졌으며, 627년(무왕 28)에는 무왕 자신이 군사를 이끌고 웅진에 머무르며 신라에 대한 대규모 공격을 준비하였다. 하지만 당나라의 개입으로 신라에 대한 대규모 정벌은 실현되지 못했다.

백제는 고구려와도 갈등 관계에 있었는데, 607년(무왕 8)에는 고구려가 백제의 송산성을 침공하고 석두성을 함락시켜 3천여 명의 백성을 포로로 잡아가기도 했다. 무왕은 남북조시대를 끝내고 중국을 재통일한 수나라와의 외교관계를 통해 고구려를 견제하려고 해서, 그해에 연문진과 왕효린 등을 사신으로 보내 수 양제에게 고구려 정벌에 나설 것을 요청하였다.

611년(무왕 12)에는 수나라와 사신을 주고받으며 고구려 침공에 대해 의논했는데, 수나라는 상서기부랑 석률을 백제로 보내 고구려 침공 작전을 조율하기도 했다. 그러나 612년 수나라 양제가 고구려 침공에 나섰을 때 백제는 수나라를 돕겠다는 약속과는 달리 고구려 공격에 나서지는 않았다. 이는 신라의 침공을 우려했기 때문인 것으로 보인다. 그 뒤 백제는 고구려와 비교적 우호적인 관계를 유지하였다. 618년 수나라가 멸망하고 당나라가 건국된 뒤로는 해마다 당나라로 사신을 보내며 긴밀한 외교 관계를 유지했다. 그리고 왜와도 가까운 관계를 유지해서 관륵을 보내 천문·지리 등의 서적과 불교를 전하기도 했다.

무왕은 재위 기간에 신라와의 접경 지역에 여러 성들을 쌓으며 국방을 강화하려고 노력했다. 각산성(605년), 적암성(611년), 마천성(632년) 등이 그의 재위 기간에 새롭게 쌓아지거나 보수된 성들이다.

왕권 강화를 나타내기 위해 궁궐을 대대적으로 중수하기도 했는데, 630년(무왕 31)에 사비의 궁궐을 중수했으며, 634년(무왕 35)에는 궁궐 남쪽에 큰 연못을 만들기도 했다. 또한 그해에 위덕왕 때에 창건된 왕흥사의 건립을 완성하였다. 무왕은 재위 42년째인 641년 3월에 죽었고, 그의 맏아들인 의자왕(재위 641~660)이 왕위를 계승하였다.

3. 서동과 무왕

흔히 우리가 알고 있는 서동 이야기는 삼국유사에서 소개하는 이야기이다. 마를 캐는 가난한 백제 소년이 신라의 아름다운 공주님을 아내로 맞아 행복하게 살았고, 또 백제의 왕까지 되었다는 이야기는 그야말로 영웅의 이야기라고 할 만하다. 하지만 삼국사기 속 서동의 이야기 또한 무시할 수는 없는 이야기인 것은 사실이다.

"삼국유사"와 "삼국사기"에 등장하는 서동, 즉 무왕에 대한 기록은 완전히 다르다. 하지만 무왕 재위기간 내내 백제가 신라와 치열한 갈등 관계에 있었던 역사적 사실에 비추어 보면 당시 신라의 공주와 백제의 왕자가 혼인관계를 맺었다고 보기는 어려울 것 같다. 따라서 삼국유사에 등장하는 서동과 선화공주의 이야기는 역사적 사실이라기보다는 고대부터 전승된 설화에 여러 가지 역사적 사건들이 뒤섞이며 민간에서 전해진 것으로 보인다.

역사를 만든 여왕 리더십

① 엘리자베스 1세 가슴속 가득 영국을 품다
② 마리아 테레지아 사랑으로 오스트리아를 지키다
③ 클레오파트라 이집트의 보석으로 피어나다
④ 선덕여왕 한민족 최초의 여왕이 되다
⑤ 이사벨 1세 스페인 제국의 길을 열다
⑥ 측천무후 편견을 깨뜨린 중국 여황제
⑦ 크리스티나 스웨덴을 위해 왕위에서 물러나다
⑧ 예카테리나 2세 러시아 개혁의 자존심
⑨ 빅토리아 여왕 영국의 황금시대를 이끌다
⑩ 명성황후 조선왕조에 핀 마지막 불꽃
⑪ 하트셉수트 세계 최초의 이집트 여왕
⑫ 제노비아 시리아에 팔미라 문명을 세운 여왕
⑬ 스이코 일본 최초의 여왕
⑭ 테오도라 천민에서 동로마의 황후가 되다
⑮ 기황후 공녀에서 원나라 황후가 되다
⑯ 메리 1세 영국 최초의 여왕이 되다
⑰ 엘리자베타 러시아 최고의 인기를 누린 여왕
⑱ 소서노 두 국가를 세운 여장부
⑲ 쯩자매 베트남의 독립을 이룬 자매 여왕
⑳ 엘리자베스 2세 영국의 진정한 보석

역사를 만든 여왕 리더십은 어린이들에게 자신감을 갖게 해주고 삶을 사는 데 바른 가치관을 심어줍니다

세상을 이끈 여성 파워

① 디자이너 코코샤넬
② 무용가 이사도라 덩컨
③ 음악가 클라라 슈만
④ 작가 펄벅
⑤ 교육가 마리아 몬테소리
⑥ 정치가 마거릿 대처
⑦ 화가 프리다 칼로
⑧ 비행사 아멜리아 에어하트
⑨ 배우 오드리 헵번
⑩ 과학자 마리 퀴리
⑪ 외교관 알렉산드라 콜론타이

세상을 이끈 여성 파워는 어린이들에게 적성에 맞는 진로를 찾게 해주고 스스로의 인생을 개척할 수 있도록 꿈을 심어줍니다

역사 속 세기의 로맨스

① 헨리 8세와 앤 블린
② 타지마할, 영원한 사랑의 완성
③ 나폴레옹과 조세핀
④ 세종대왕과 소헌왕후
⑤ 조지 워싱턴과 마사 커티스
⑥ 아우구스투스와 리비아
⑦ 이반 4세와 아나스타샤
⑧ 살라딘과 시벨라
⑨ 공민왕과 노국공주
⑩ 그레이스 켈리와 레니에 3세
⑪ 모차르트와 콘스탄체
⑫ 존 F. 케네디와 재클린
⑬ 서동과 선화공주

역사를 바꿀 수도 있었던 세기의 연인들!
그들은 과연 어떤 이야기를 가지고 있을까요?
그리고 역사는 그들을 어떻게 기억하고 있을까요?

신화 속 사랑이야기

① 에로스와 프시케
② 테세우스와 아리아드네
③ 페르세우스와 안드로메다
④ 아폴론과 다프네

바른 세상 고운 마음

바른 세상 고운 마음 시리즈는 아이들의 따뜻한 마음을 쑥쑥 키우는 인성동화입니다. 책을 읽으면서 아이는 스스로 교훈을 깨달으며 성장할 것입니다

① 행복이는 똥강아지
② 세 개의 이름을 가진 고양이
③ 눈치 없는 아이
④ 할아버지는 외계인
⑤ 병아리, 날다
⑥ 엄마가 미안해 엄마, 미안해
⑦ 안녕 브라우니
⑧ 고양이 우편배달부

세상에 알려진 신화 속에는 많은 사랑 이야기가 있습니다. 그중 여러분이 알고 있는 연인들은 누구인가요? 에로스와 프시케, 하데스와 페르세포네 등 신화 속 연인들의 아름답거나 혹은 가슴 아픈 사랑 이야기와 함께 하세요